Chr. El Ayari

Kerngesund & gertenschlank

Kerngesund & gertenschlank

NAUMANN & GÖBEL

Wichtiger Hinweis:
Dieses Buch wurde nach dem aktuellen Wissensstand sorgfältig erarbeitet. Dennoch erfolgen alle Angaben ohne Gewähr. Der Verlag haftet nicht für eventuelle Nachteile und Schäden, die aus den im Buch gemachten praktischen Hinweisen resultieren. Die in diesem Buch enthaltenen Ratschläge ersetzen nicht die Untersuchung und Betreuung durch einen Arzt. Vor Durchführung einer Selbstbehandlung sollte ein Arzt konsultiert werden.

Illustrationen: Falko Honnen, Troisdorf;
Josef Blaumeiser
Gesamtherstellung: Naumann & Göbel Verlagsgesellschaft mbH, Köln
Dieses Werk berücksichtigt die neue deutsche Rechtschreibung und entspricht den neuen amtlichen Richtlinien und dem Schulgebrauch.

ISBN 3-625-10681-7

Verehrte Leserinnen und Leser,

schlank zu werden, gehört zu den Wünschen, die sehr viele Menschen hegen; gesund zu bleiben, hoffen bestimmt alle. Schon mit einfachen Mitteln lassen sich häufig beide Ziele erreichen, wenn man nur einige Grundregeln im Leben beherzigt.

Die pfiffigen Tipps geben Ihnen Anregungen, wie Sie sich abwechslungsreich, schmackhaft und gesund, dabei aber kalorienarm ernähren können. Sie informieren Sie über Getränke zum Abnehmen, aber auch über alternative Ernährungsweisen, Diäten und Fitness-Übungen.

Wenn Sie nur einen Teil der Ratschläge beherzigen und nicht wieder in Ihre alten Ess- und Lebensgewohnheiten zurückfallen, so werden Sie sich nicht nur sehr viel wohler fühlen, Sie tun nicht nur etwas für Ihre Gesundheit, sondern Sie spüren auch bald die angenehme Konsequenz, Sie nehmen ab und bewahren dauerhaft Ihr Wunschgewicht.

Inhalt

Lamm fromm und Sau gut

Die besten Tipps zur Ernährung mit Fleisch

Energiereiches Nahrungsmittel

Fleisch ist ein hochgradiger Energiespender, voll von lebensnotwendigen Eiweißstoffen, reich an unentbehrlichem Vitamin B und bestückt mit notwendigen Mineralstoffen.

Manche Ernährungswissenschaftler meinen, für Erwachsene genüge es, einmal pro Woche Fleisch zu essen – nur 13- bis 14-jährige benötigten mehr Fleisch.

Die Folgen von zu großem Fleischverzehr sind Übergewicht und Gicht.

❋

Kauf

Kaufen Sie Fleisch nur beim Metzger Ihres Vertrauens. Dann können Sie sicher sein, dass Sie kein minderwertiges Fleisch erhalten.

Bei verpackten Stücken sind Sie nie vor Überraschungen sicher. Fleisch sollten Sie offen kaufen und durch den Fachmann vom Stück abschneiden lassen.

Achten Sie auf gute Qualität: Gutes Fleisch ist nicht absolut mager, sondern von Fett durchzogen (marmoriert), dazu nicht blass, sondern rosig – das gilt auch für Kalbfleisch.

Sehen Sie darauf, dass das Fleisch nicht allzu fettig ist.

Lassen Sie vom Metzger sichtbares Fett entfernen.

Prüfen Sie den Geruch: Er ist das einzige Frischemerkmal beim Fleisch.

Greifen Sie ruhig auch zu Filetsteaks aus der Oberschale, der Blume, der Fehlrippe oder dem Bug. Sie sind verhältnismäßig preiswert.

Feste, muskulöse Fleischstücke, wie zum Beispiel Kamm oder Schulter, sind nahrhafter als die teuren Filetsteaks und Schnitzel.

Bevorzugen Sie gut abgehangenes Fleisch. Dies ist schmackhafter und besser verdaulich, da die Muskelfasern von Enzymen aufgebrochen sind. Je nach Fleischsorte und Fleischteil müssen die Stücke 2 bis 21 Tage abhängen.

*

Zubereitung

Waschen Sie Fleisch nur kalt ab und tupfen Sie es anschließend ab.

Schneiden Sie sichtbares Fett vom Fleisch weg. Fleisch an sich ist schon fetthaltig genug.

Garen Sie Fleischstücke mit viel Haut und Bindegewebe langsam. So bleibt das Vitamin B erhalten.

Ziehen Sie das Kochen, Pochieren und Dünsten von Fleisch dem kurzen Anbraten vor. So bleiben die Nährstoffe in einer gut verfügbaren Form.

Braten Sie Fleisch besser im Ganzen. Dann nimmt es weniger Fett auf und bleibt innen zart. Zudem schonen Sie so die Nährstoffe.

*

Rindfleisch

Verwenden Sie mageres Fleisch. Es sättigt eiweißreich und kalorienarm.

Rindfleisch stillt den Hunger dank seiner Nährstoffe besser als Süßigkeiten mit gleicher Kalorienzahl.

*

Schweinefleisch

Mageres Schweinefleisch ist ein wichtiger Eiweißlieferant und kalorienarm. 100 Gramm Eisbein beispielsweise haben nur rund 200 Kalorien.

Verwenden Sie kein Schweinefleisch aus der Dose. Es enthält überaus viel Fett.

*

Kalbfleisch

Kalbfleisch ist grundsätzlich kalorienarm und enthält Mineralstoffe wie Natrium, Phosphor sowie zahlreiche Vitamine.

Keule, Filet und Haxe eignen sich besonders für Kalorienbewusste. Sie sind die kalorienärmsten Stücke.

Achten Sie darauf, dass Kalbfleisch nicht allzu weiß ist. Weißes Fleisch haben nur Milchkälber. Sobald sie Heu und Gras fressen, verfärbt sich ihr Fleisch rosa durch das aufgenommene Eisen. Wird ihnen dieser lebenswichtige Nahrungsbestandteil künstlich entzogen, um das Fleisch hell zu halten, sind sie anfälliger für Krankheiten. Bevorzugen Sie deshalb und auch wegen des höheren Eisengehaltes lieber festes, hellrotes Fleisch.

*

Lammfleisch

Essen Sie wenig Lamm- und Hammelfleisch. Es enthält sehr viel Kalorien und ist meist sehr fettig. Lammkoteletts zum

Beispiel enthalten pro 100 Gramm rund 350 Kalorien und 32 Gramm Fett.

Lendenstücke sind am magersten. Sie haben „lediglich“ 200 Kalorien und 13 Gramm Fett pro 100 Gramm.

*

Hackfleisch

Besonders kalorienreich ist aus Rinder- und Schweinefleisch gemischtes Hackfleisch.

Hackfleisch vom Kalb muß extra hergestellt werden. Deshalb bestellen Sie es rechtzeitig bei Ihrem Metzger vor.

Bei der Zubereitung von Hackfleisch können Sie Kalorien sparen, indem Sie das eingeweichte Brötchen durch Magerquark ersetzen. Das Hackfleisch bleibt nach dem Garen locker und erhält einen würzigen Geschmack.

Geflügel

Vor allem Hähnchen- und Truthahnfleisch ist kalorienarm und enthält neben Eisen, Kalium und Magnesium noch Vitamin E und einige Vitamine der B-Gruppe.

Behalten Sie Enten- und Gänsefleisch besonderen Anlässen vor. Es enthält relativ viel Fett.

Putenfleisch ist nicht so mager, wie manch einer glaubt, verfügt aber über viel biologisch hochwertiges Eiweiß.

Am magersten sind jeweils die Bruststücke. Als Kaloriensparer sollten Sie sich darauf spezialisieren. Sie haben nur 1 Prozent Fett und rund 100 Kalorien pro 100 Gramm.

Das meiste Fett ist in der Geflügelhaut und den Schenkeln enthalten.

Wild

Greifen Sie nach Wild, wenn Sie schon lange nach magerem eiweißreichem Fleisch suchen.

Verzichten Sie darauf, das Fleisch zu spicken oder mit Speckscheiben zu belegen. So sparen Sie Kalorien.

*

Wurstwaren

Suchen Sie nach mageren Sorten und erkundigen Sie sich nach dem Fettgehalt. Manche Sorten weisen bis zu 70 Prozent Fett auf.

Vermeiden Sie alle fettreichen Wurstsorten wie Blut- und Leberwurst, Teewurst, Mettwurst, Salami oder Fleischwurst.

Fischers Fritz fängt frische Fische ...

Die besten Tipps zur Ernährung mit Fisch

Energiereiches Nahrungsmittel

Fisch eignet sich ausgezeichnet zum Abnehmen. Er enthält leicht verdauliches Eiweiß, hohe Mengen der Vitamine A, B, D und E und wenig Fett. Er ist kalorienarm und hat einen höheren Anteil an ungesättigten Fettsäuren als Fleisch.

Nur in Muttermilch ist eine ähnliche Konzentration an Fettsäuren vorhanden wie beim Fisch.

Die Fettsäuren im Fischfleisch lagern sich nicht in die menschlichen Zellwände ein, bieten aber möglicherweise einen gewissen Schutz vor Arteriosklerose.

Im Fischfleisch findet sich reichlich Phosphor, Calcium und Eisen.

Um Ihren Cholesterinspiegel nicht zu belasten, sollten sie magere Fischsorten bevorzugen.

Aufgrund seiner leichten Verdaulichkeit ist Fisch auch besonders für Kranke empfehlenswert.

Mindestens einmal wöchentlich sollte Seefisch auf Ihrem Speiseplan stehen. Dadurch können Sie den Bedarf an dem Mineral Jod decken und das Mangelsymptom „Kropf" vermeiden.

Die magersten Fischsorten sind zugleich die kalorienärmsten: Kabeljau hat 68 Kalorien, Schellfisch, Scholle und Seelachs enthalten jeweils etwa 80 Kalorien und Seezunge hat fast 90 Kalorien.

*

Schadstoffe

Pestizide sammeln sich vor allem in Fettfischen.

Die höchsten Anreicherungen von Quecksilber und Pestiziden sind in Seefischen aus küstennahen Gewässern zu finden.

In Kabeljau, Schellfisch, Hering, Makrele und Scholle ist relativ wenig Quecksilber enthalten.

*

Frische

Frischen Fisch kauft man am besten im Fachgeschäft.

Frischer Fisch sollte im Geschäft auf Eis gelagert sein. Verpackungen können die Kühlung beeinträchtigen.

Wählen Sie möglichst frischen Fisch. Sie erkennen ihn an seiner kräftigen, glänzenden Hautfarbe, an festsitzenden Schuppen, an frisch und klar aussehendem Schleim, an festem, elastischem Fleisch sowie an klaren und vorgewölbten Pupillen

Frischen Räucherfisch machen Sie daran aus, dass seine Haut hell und fettglänzend aussieht.

Bekommen Sie keinen frischen Fisch, so greifen Sie zu tiefgekühltem ganzen Fisch oder Filets „natur". Er ist frischem Fisch nahezu ebenbürtig; denn er wird bereits auf den meisten Fangschiffen bei minus 40 Grad schockgefroren.

Achten Sie darauf, dass tiefgekühlter Fisch fest gefroren ist und keine Kristalle aufweist. Andernfalls besteht die Gefahr, dass der Fisch schon einmal angetaut war.

Verwenden Sie aufgetauten Fisch unbedingt sofort.

Schlechten Fisch erkennen Sie am penetranten Geruch, an seiner stumpfen Farbe, seinem schlaffen Fleisch, an grauen Kiemen und stumpfen, eingefallenen Augen.

Zander verdirbt sehr schnell und leider kann man sich bei ihm auch nicht auf den Augentest verlassen, da er von Natur aus leicht milchige Augen hat. Außerdem verletzen sich die Fische während ihres Aufenthalts in beengten Bassins häufig mit ihren Stacheln gegenseitig die Augen.

*

Zubereitung

Verarbeiten Sie Fisch noch am Tag des Einkaufs und lagern Sie ihn bis dahin unbedingt im Kühlschrank.

Entscheiden Sie sich für die „schlankeste" Art der Zubereitung: dämpfen, grillen oder mit sehr wenig Fett braten.

Starkes Salzen beim Grillen von Fisch ist nicht nötig, da die fischeigenen Mineralsalze nicht ausgeschwemmt werden.

Wenn Sie den Fisch in Alufolie grillen, sparen Sie die Hälfte der Garzeit und schonen so die Vitamine.

Verzichten Sie auf das Panieren von Fisch. Sonst verdoppeln Sie die normale Kalorienmenge des Fisches.

Wenn Sie Fisch in der Pfanne zubereiten, sollten Sie ihn immer in wasserfreiem Fett braten. Verwenden Sie dabei möglichst wenig Öl oder Pflanzenfett.

*

Fischarten

Süßwasserfische sind zwar milder im Geschmack, enthalten aber kein Fluor und Jod.

Aal, Lachs und Hering enthalten über 10 Gramm Fett pro 100 Gramm und gehören damit zu den fetten Fischarten. Deshalb sollten Sie sie mit Vorsicht genießen.

Flunder, Kabeljau, Schellfisch, Scholle, Seelachs und Seezunge zählen zu den mageren Fischarten. Fettarm zubereitet, sind sie eine ideale Schlankheitskost.

Frisch und knackig

Die besten Tipps zur Ernährung mit Gemüse

Wertvolles Nahrungsmittel

Grundsätzlich gilt für Gemüse: Die Frische zählt und nicht das Aussehen. Je frischer das Gemüse, desto höher ist der Anteil an lebenswichtigen Inhaltsstoffen.

Wenn Sie die Möglichkeit dazu haben, kaufen Sie ihren Bedarf an Gemüse direkt beim Bauern. Hier erhalten Sie größtmögliche Frische. Wenn Sie beim Biobauern kaufen, reduzieren Sie auch die landwirtschaftlichen Gifte im Gemüse.

Alle Gemüsearten helfen beim Abnehmen, da sie nur wenig Kalorien haben. Sie verfügen jedoch über Vitamine, Mineralstoffe, Spurenelemente und liefern wertvolle Kohlehydrate.

Reich an Vitamin A (für die Augen) sind alle roten und gelben Gemüse.

Duft- und Aromastoffe von Gemüse regen über die Sinnesorgane die Speichelabsonderung sowie die Arbeit von Magen und Darm an und beeinflussen über das Nervensystem den Stoffwechsel günstig.

Um auf 1000 Kalorien zu kommen, müssen Sie etwa drei Kilo Gemüse zu sich nehmen.

Gemüse aller Art machen satt, da sie reich an Faserstoffen (Ballast) sind.

Idealerweise sollte unsere Nahrung zu einem Drittel aus Obst und Gemüse bestehen. Essen Sie mindestens 200 bis 250 Gramm Gemüse täglich.

Legen Sie zwischendurch ruhig einen Gemüsetag ein, wobei Sie die Mittagsmahlzeit durch frischen Salat (ohne Öl) und Obst oder durch gekochtes Gemüse und Obst ersetzen.

Zubereitung

Waschen Sie Blattgemüse gründlich unter fließendem lauwarmen Wasser und entfernen Sie die äußeren Blätter. So lassen sich Blei, Quecksilber und Cadmium zum großen Teil entfernen.

Schneiden Sie die Blattrippen von Gemüse ab. Hier sammeln sich die meisten Schadstoffe.

Zerkleinern Sie das Gemüse nicht zu fein. Sonst gehen zu viele wichtige Inhaltsstoffe beim Kochen verloren.

Bereiten Sie Gemüse so schonungsvoll wie möglich zu – am besten dämpfen Sie es. Auf diese Weise erhalten Sie einen Großteil der Vitalstoffe.

Kochen Sie Gemüse in wenig Wasser bissfest. Es soll gar, aber nicht zerkocht sein. So werden die Vitamine, Mineralstoffe und Spurenelemente geschont.

Wenn Sie Gemüse blanchieren, verliert es 30 bis 50 Prozent seines Nitratgehaltes.

Verwenden Sie das Gemüsewasser immer mit. Es enthält die wichtigen Mineralstoffe, die beim Garen ins Wasser abgewandert sind.

Wenn Sie Gemüse nicht in Margarine oder Butter andünsten, sondern vor dem Servieren etwas Fett darauf zergehen lassen, brauchen Sie weniger Fett und das Gemüse wird noch verträglicher.

Garen Sie Gemüse möglichst bei geschlossenem Deckel – den Inhaltsstoffen des Gemüses zuliebe.

Halten Sie die Temperatur beim Garen so niedrig wie möglich. Das schont die Inhaltsstoffe des Gemüses.

*

Artischocken

Sie sehen nicht nur schön aus und schmecken vorzüglich, sondern sind auch äußerst gesund. Der in Artischocken enthaltene Bitterstoff Cynarin regt die Tätigkeit der Magenschleimhaut, von Leber und Galle an. Dadurch kann das dem Körper zugeführte Fett leichter abgebaut werden.

Eine große Artischocke, die etwa 200 Gramm wiegt, ist beinahe eine Mahlzeit für sich, befriedigt den Appetit und hat weniger als 100 Kalorien.

Manche Kenner verzehren Artischocken kalt mit Essig und Öl.

Lassen Sie als Feinschmecker die frischgekochten Artischocken gut abtropfen und servieren Sie sie nicht heiß, aber warm mit etwas geschmolzener Butter oder auch mit ein bisschen Sauce Hollondaise.

*

Blumenkohl

Er zählt zu den leicht verdaulichen Gemüsearten, wirkt harntreibend, bekämpft – vor allem in Form von Saft – Zwölffingerdarmgeschwüre und Erkältungserscheinungen.

Wird der Blumenkohl mit einigen grünen Blättern gekocht, wird er besonders herzhaft.

Kochen Sie Blumenkohl zusammen mit einigen Walnüssen in einem Topf, dann entsteht keine Geruchsbelästigung.

*

Bohnen

Grüne Bohnen eignen sich besonders für Diäten und Schlankheitskost. Sie enthalten viel hochwertiges Eiweiß, Mineralstoffe, Vitamine und Ballaststoffe.

Bohnen senken den erhöhten Blutzuckerspiegel und bilden eine sinnvolle Unterstützung bei der Behandlung von Diabetes.

Kochen Sie Bohnen im Einweichwasser. So nutzen Sie die im Wasser befindlichen Vitamine.

Kochen Sie Bohnen nie zu lange und bereiten Sie sie erst unmittelbar vor dem Servieren zu, sonst verfärben sie sich unappetitlich.

Essen Sie Bohnen niemals roh, da sie unverdaulich sind und Gesundheitsstörungen verursachen.

Chicorée

Dieses leicht verdauliche, zarte Wintergemüse hat ganz wenig Kalorien: in 100 Gramm sind nur 15! Es entwässert, ist magen-, leber- und gallenfreundlich und reich an Karotin, Kalk und Phosphor.

Eigentlich zählt Chicorée zu den Sprossen, da sie der zweite Austrieb der Zichorienpflanze ist.

Beim Chicorée finden sich erhebliche Preisunterschiede, die allerdings nichts mit seinen inneren Werten zu tun haben. Makellos weiße, fest geschlossene Kolben der Qualitätsstufe „extra" kosten wesentlich mehr als lockere Kolben mit leicht gelblich-grün verfärbten Blattspitzen. Im Geschmack unterscheiden sie sich aber nicht voneinander. Daher sollten Sie den weniger schönen, aber preiswerten Kolben den Vorzug geben.

Fenchel

Außer, dass Fenchel sehr viel Vitamin C enthält, ist er auch noch in anderer Hinsicht gesund, denn er hat günstige Auswirkungen auf den Magen- und Darmtrakt. Aber Vorsicht: Nicht zu häufig essen. Fenchel ist ein besonderer Nitratsammler.

Werfen Sie auch das frische Grün der Fenchelknolle nicht fort. Es enthält besonders viele Vitamine. Um eine Geschmacksverfeinerung zu erreichen, hacken Sie das Grün fein und streuen es über das fertige Gericht.

*

Hülsenfrüchte

Hülsenfrüchte enthalten viel hochwertiges Eiweiß, Mineralstoffe, Vitamine und Ballaststoffe.

Salzen Sie Hülsenfrüchte erst kurz vor Ende der Garzeit, dann werden sie schneller gar.

Bei den langen Garzeiten von Hülsenfrüchten lohnt es sich, den Schnellkochtopf zu benutzen. Das dauert dann nur etwa 45 Minuten.

*

Kartoffeln

Die Kartoffel bietet Ihnen eine breite Palette an wertvollen Inhaltsstoffen. In ihr stecken Stärke, hochwertiges Eiweiß, beachtliche Mengen Magnesium, Eisen und Fluorid sowie die Vitamine B und C. Dabei hat ein Viertelpfund Kartoffeln nach dem Schälen rund 85 Kalorien.

Die Kartoffel entschlackt, wirkt harntreibend, unterstützt den Kampf gegen Nierensteine, löst Krämpfe und schützt Ihre Schleimhäute.

Um die wertvollen Inhaltsstoffe nicht auszuschwemmen, kochen Sie Kartoffeln aus biologischem Anbau am besten mit Schale. Andere Kartoffeln sollten Sie lieber schälen, da in der Schale viel Nitrat steckt.

Schälen Sie Kartoffeln wenn möglich erst unmittelbar vor dem Kochen und lassen Sie sie nicht in Wasser stehen. Das in ihnen reich vorhandene Vitamin C löst sich in Wasser auf.

Kartoffelkeime sind giftig, denn sie enthalten das gefährliche Solanin. Entfernen Sie sämtliche Keime vor der Zubereitung immer sehr gründlich.

Rühren Sie Püree statt mit Milch oder Sahne mit dem Kochwasser an. Das Aroma ist dann feiner und die Vitamine werden nicht weggeschüttet. Ein Stich Butter zum Abrunden genügt.

Nutzen Sie das übrig gebliebene Kartoffelwasser zum Angießen von Braten oder zum Verfeinern von Suppen und Soßen. Das spart Kalorien und liefert wertvolle Mineralstoffe und Vitamine.

*

Kohl

Jede Kohlsorte ist kalorienarm und enthält viele wertvolle Vitamine. Manche Experten meinen, schwer verdaulich seien Grünkohl, Rotkohl und Weißkohl, leicht verdaulich hingegen Blumenkohl, Wirsing und Chinakohl.

Essen Sie jedoch nicht zu oft großblättrigen Kohl, da dieses Gemüse in besonderem Maße Nitrat speichert.

Geben Sie zu aller Art von Kohl Kümmel hinzu. Das vermindert die blähende Wirkung.

Kohl behält selbst bei langem Erhitzen seinen enormen Vitamin-C-Gehalt.

*

Kohlrabi

Kohlrabi eignet sich besonders für Diät- und Schlankheitskost. Sie erkennen frischen Kohlrabi daran, dass er noch ein paar grüne Herzblättchen und eine glatte Schale hat, die nicht stumpf oder rissig ist.

Kaufen Sie möglichst Kohlrabi mit Blättern und streuen Sie das Grün gehackt über das fertige Gericht. Es ist würzig und ebenso reich an wertvollen Inhaltsstoffen wie die Knolle.

Die Blätter des Kohlrabis können Sie übrigens ebenso zubereiten wie frischen Blattspinat.

Sehr kalorienarm ist auch die Zubereitung von Kohlrabi mit einem Spritzer Zitrone und frischer Petersilie.

*

Lauch

Lauch ist besonders geeignet für Diäten und Schlankheitskost. Er enthält kein Fett, dafür jedoch Kohlehydrate und ist reich an Kalium und Vitaminen. Er fördert mit seinem geheimnisvollen Öl den Aufbau und die Regenerierung der Galle, regt die Verdauungsdrüsen an und bekämpft gefährliche Bakterien im Darm.

*

Linsen

Linsen decken den Tagesbedarf eines Erwachsenen an B-Vitaminen.

*

Möhren

Möhren eignen sich besonders für Diäten und Schlankheitskost. Sie bekämpfen zudem den Wurmbefall im Darm, Blutarmut, Durchfall, Bronchitis, Nachtblindheit und Wachstumsstörungen. Sie verbessern auch Problemhaut.

Machen Sie Möhrenrohkost oder -gemüse immer mit etwas Butter, Sahne oder Öl an. Nur mit Hilfe von Fett kann unser Körper das in den Möhren enthaltene Carotin in Vitamin A umwandeln.

Eine rohe Möhre eignet sich ausgezeichnet als kalorienarmer Magenfüller.

Junge Möhren aus biologischem Anbau brauchen nicht geschält zu werden. Bürsten Sie sie einfach ab. So nutzen Sie auch noch die Vitamine in der Schale.

Wenn Sie Möhren zum Kochen verwenden und sich das Putzen erleichtern möchten, legen Sie die Möhren fünf Minuten lang in kochendes, danach in eiskaltes Wasser. Durch die Temperaturschwankung löst sich die Haut von alleine ab.

Bewahren Sie frische Möhren nie mit dem Kraut auf. Es entzieht der Wurzel die Feuchtigkeit und lässt sie schneller welk werden.

*

Paprika

Roher grüner Paprika beugt Erkältungen vor, fördert das Wachstum und wirkt appetitanregend.

Keine Angst vor zu häufigem Verzehr. Paprika gehört zu den nitratärmeren Gemüsen.

Rote, ausgereifte Paprikaschoten enthalten doppelt so viel Vitamin C wie die grünen, noch nicht voll ausgereiften.

Kaufen Sie Paprikaschoten nicht, wenn deren Haut bereits Falten wirft. Sie sind schwer verdaulich und daher nicht zur Zubereitung von Speisen zu empfehlen.

*

Pilze

Pilze eignen sich hervorragend für den Einbau in eine Schlankheitskur.
100 Gramm Pilze enthalten gewöhnlich nur etwa 30 Kalorien, liefern aber Eiweiß und Vitamin A und D, das auch in Konserven erhalten bleibt.

Sehr kalorienarm sind Champignons.
100 Gramm haben lediglich 15 Kalorien.

Die Kalorienzahl steigt stark bei getrockneten Pilzen. Steinpilze in getrocknetem Zustand haben beispielsweise 290 Kalorien pro 100 Gramm.

Bevorzugen Sie Zucht-Champignons. Sie enthalten fast keine Schadstoffe, da sie nicht in der Natur wachsen. Wiesen-Champignons hingegen nehmen sehr leicht Schwermetalle auf.

Verbrauchen Sie frische Pilze schnell und lagern Sie sie nicht länger als zwei Tage im Kühlschrank. Wegen ihres hohen Eiweiß- und Wassergehalts zersetzen sie sich leicht.

*

Rote Beete

Auch Rote Beete eignet sich gut für Diäten und Schlankheitskost. Sie bekämpft zudem Erkältungskrankheiten, fördert den Aufbau der Leber und hilft bei Blutarmut.

Sellerie

Sellerie findet hervorragend Verwendung bei Diäten und Schlankheitskost. Es fördert die Verdauung, entschlackt, beruhigt die Nerven und gibt allgemein neue Lebenskraft.

Werfen Sie Selleriegrün nicht fort, sondern trocknen Sie es. Sie können damit Suppen, Salatsoßen und Eintopfgerichte würzen.

*

Spargel

Spargel ist überaus arm an Kalorien und findet deshalb bei Diäten und Schlankheitskost häufig Verwendung. Er wirkt harntreibend, vitalisierend und entschlackend.

Greifen Sie ruhig öfter auf diese Gemüseart zurück. Sie enthält verhältnismäßig wenig Schadstoffe.

Spargel ist in gedünstetem Zustand verdaulicher als im rohen. Kochen Sie Spargel zu seiner Haupterntezeit frisch und ohne Beigabe einfach in gesalzenem Wasser. So erhalten Sie eine köstliche Hauptmahlzeit.

Spargelschalen sollten Sie nicht wegwerfen, denn hiervon können Sie eine köstliche Brühe kochen.

*

Spinat

Spinat enthält sehr viel lebensnotwendiges Calcium und Magnesium, aber auch Nitrat. Er bekämpft Blutarmut und regt die Bauchspeicheldrüse an.

Freilandspinat bekommt mehr Sonne ab und enthält darum wenig Nitrat.

Wird Spinat längere Zeit warmgehalten oder aufgewärmt, verwandelt sich das in den Blättern enthaltene Nitrat in Nitrit, das vor allem für Kleinkinder sehr gefährlich ist.

Verarbeiten Sie ruhig auch tiefgekühlten Spinat. Er ist fast genauso gut wie frischer.

*

Tomaten

Tomaten eignen sich in besonderem Maße für Diäten und Schlankheitskost. Sie wirken zudem harntreibend, verdauungsfördernd und desinfizierend.

Eine rohe Tomate ist bei einem flauen Gefühl im Magen ein ausgezeichneter und kalorienarmer Magenfüller.

Entfernen Sie die grünen Stile der Tomaten stets gründlich und vollständig. Sie enthalten das giftige Solanin.

*

Wirsing

Auch Wirsing hat wenig Kalorien, aber viele Vitamine und Mineralstoffe. Er eignet sich gut für Diäten und Schlankheitskost.

Kochen Sie Wirsing nur kurz – maximal 15 bis 20 Minuten – und dünsten Sie ihn ohne viel Fett. Dann ist er auch als Beilage für feine Gerichte hervorragend geeignet.

Wenn Sie in der glücklichen Lage sind, Wirsing selber ernten zu können, heben Sie ihn mit der Wurzel aus, stecken ihn in eine Kiste mit trockenem Sand und stellen ihn in den Keller. So bleibt er sehr lange frisch.

Zucchini

Zucchini sind für Diäten und Schlankheitskost prima geeignet. Sie entschlacken und fördern den Harnfluss.

*

Zwiebeln

Liebhaber nennen die Zwiebel das feinste, zarteste und gesündeste Gemüse überhaupt. 100 Gramm haben weniger als 50 Kalorien.

Zwiebeln fördern die Verdauung, entkrampfen den Organismus, sind gut für die Haut, desinfizieren, senken zu hohen Blutzucker und beleben. Sie vermindern außerdem zu hohen Blutdruck und wirken gegen Arterienverkalkung.

Kleine Früchtchen ganz groß

Die besten Tipps zur Ernährung mit Obst

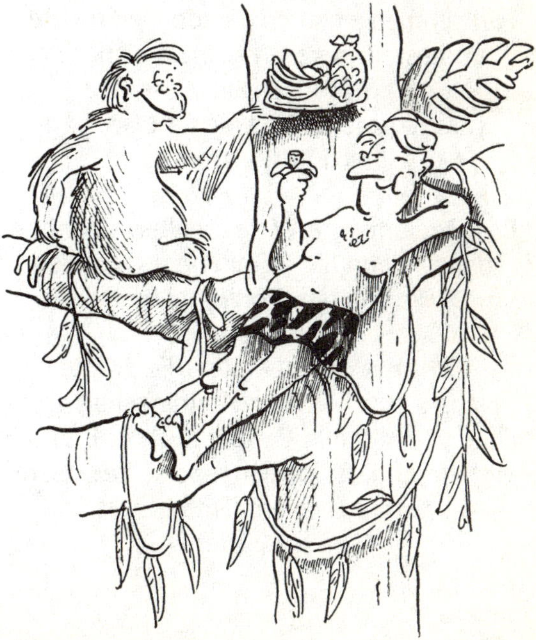

Nährstoffreiches Nahrungsmittel

Achten Sie beim Kauf von Obst nicht so sehr auf das Aussehen der Früchte, sondern vielmehr auf ihre Frische. Hinsichtlich des Nährwertes treffen Sie so in jedem Fall die richtige Wahl und oft schmecken auch gerade die Früchte am besten, deren Aussehen nicht der Norm entspricht. Makellose Optik garantiert jedenfalls nicht notwendig auch gutes Aroma.

Besonders frische Ware erhalten Sie meist dann, wenn Sie heimischem Obst der Saison den Vorzug geben.

Obst hat nach Gemüse die größte Nährstoffdichte. Der Vitamingehalt vor allem von Vitamin C, aber auch A, B und E ist beträchtlich. Idealerweise sollte unsere Nahrung aus einem Drittel Obst und Gemüse bestehen.

Zwischen März und Mai, also während unserer Frühjahrsmüdigkeit, haben Früchte den geringsten Vitamin-C-Gehalt. Unter Umständen sollten Sie während dieser Zeit für „künstlichen Nachschub" sorgen.

Alle roten und gelben Früchte sind reich an Vitamin A, das für die Sehkraft gut ist.

Machen Sie nicht den Fehler und essen während Ihrer Schlankheitskur Obst zusätzlich oder als Dessert. Obst ist zwar überaus gesund, hat aber auch Kalorien. Also lieber Obst statt Suppe oder als Zwischenmahlzeit.

Bei einer Menge von je 200 Gramm haben Ananas, Aprikosen, Äpfel, Birnen, Brombeeren, Erdbeeren, Heidelbeeren, Himbeeren, Johannisbeeren, Kirschen, Mandarinen, Orangen, Grapefruits, Pfirsiche oder Stachelbeeren lediglich zwischen 65 und 120 Kalorien.

Alle Obstsorten eignen sich hervorragend als Zwischenmahlzeit.

*

Obsttag

Der reine Obsttag einmal pro Woche oder pro Monat ist eine gute Idee zum kurzfristigen Abnehmen. Damit entschlacken Sie Ihren Körper von Stoffwechselrückständen und regulieren oder halten Ihr Gewicht.

Wählen Sie für Ihren Obsttag einen Tag, an dem es ruhig zugeht und von Ihnen keine großen Leistungen und Anstrengungen verlangt werden.

Kaufen Sie für den Obsttag etwa drei Pfund gutes Obst nach Ihrem Geschmack und „naschen" Sie daran den ganzen Tag. Sie verbrauchen so weniger als 1000 Kalorien.

Für eine vernünftige, geduldige, allmähliche Gewichtsregulierung eignen sich Obsttage nicht.

*

Ananas

Verwenden Sie frische Ananas nicht für Süßspeisen, die mit Gelatine hergestellt werden. Sie enthält Enzyme, die das Gelieren verhindern. Nehmen Sie entweder Ananas aus der Dose oder dünsten Sie die frischen Früchte fünf Minuten vor.

Entgegen landläufiger Meinung verbrennt Ananas kein Fett.

Frische Ananas fördern die Eiweißverdauung, beheben den Mangel an Magensäure, vermitteln ein jüngeres Aussehen und helfen bei Schwächezuständen, bei zu niedrigem Blutdruck und bei Schwindelanfällen.

Bestreuen Sie das Fruchtfleisch mit wenig Salz, um die Fruchtsäure abzumildern. Dadurch wird die Ananas gleich noch aromatischer.

Schneiden Sie frische Ananas nicht mit demselben Messer auf, mit dem Sie die Frucht geschält haben. Die Schale enthält eine Säure, die brennende Entzündungen an Lippen und Mund hervorrufen kann.

*

Äpfel

Äpfel enthalten sehr viele Vitamine, Spurenelemente und Mineralien und stärken daher die gesamte Widerstandskraft. Ideal sind Äpfel für Zahnfleischdurchblutung und Konzentration.

Gönnen Sie sich ruhig täglich ein oder zwei Äpfel. Ein Apfel vor dem Zubettgehen gegessen, stärkt und beruhigt die Nerven.

Ersetzen Sie hin und wieder eine ganze Abendmahlzeit durch zwei Äpfel. Das spart Kalorien.

Ein größerer Apfel wiegt geschält und entkernt etwa 100 Gramm. Damit enthält er 50 Kalorien.

Äpfel sind nicht nur ideal für alle, die der Figur zuliebe Kalorien einsparen wollen, sondern auch für Diabetiker. Ein größerer Apfel liefert durch seinen Gehalt an Frucht- und Traubenzucker 12 Gramm Kohlehydrate, also genau eine Broteinheit.

Sehen Sie einen Apfel als Leckerbissen an, als gerne genommenen Ersatz für wahre Kalorienbomben. Dann haben sie einen

großen Schritt in die richtige
Richtung getan.

Auch wenn Sie salzarme Kost essen, können Sie bedenkenlos auf Äpfel zurückgreifen, da sie wenig Natrium enthalten.

Schälen und zerkleinern Sie Äpfel, wenn Sie einen empfindlichen Magen haben. Apfelsäure wirkt sich günstig auf Verdauung und Stoffwechsel aus.

*

Aprikosen

Frische Aprikosen sind kalorienarm. 100 Gramm haben weniger als 70 Kalorien. Deshalb eignen sie sich hervorragend als Zwischenmahlzeit für Abnehmer. Sie regulieren zudem die Verdauung, bekämpfen Hautunreinheiten und wirken gegen Schwäche, Heiserkeit und schwache Stimmlage.

In Aprikosen stecken nicht nur die Vitamine A, B und C, sondern auch Eisen und Kalium. Wegen der Kombination dieser Wertstoffe zählen diese Früchte zu den fähigsten Blutbildnern unter den Früchten.

100 Gramm getrocknete Aprikosen haben zwar mehr als dreimal so viele Kalorien wie frische, doch eignen auch sie sich als Zwischenmahlzeit, da man von ihnen in der Regel weniger ist.

*

Avocados

Nutzen Sie die Vielfalt dieser Frucht. In ihr sind die gleichen Proteinmengen wie bei einigen Fleischsorten, das Fett frischer Butter und die Nährstoffe von grünem Gemüse enthalten.

Avocados setzt man gegen Haarausfall und Hautkrankheiten ein. Sie regen die Liebeslust an und bauen Aggressionen ab. Außerdem kann man sie zur Vorbeugung gegen Darminfektionen essen.

Fügen Sie Avocados immer erst kurz vor dem Servieren zu warmen Gerichten, und lassen Sie sie auf keinen Fall mitkochen. Beim Kochen oder Braten werden Avocados unansehnlich braun und unangenehm bitter.

*

Bananen

Bananen eignen sich vorzüglich als Zwischenmahlzeit, da sie säurearm und leicht verträglich sind. Aber: Bananen gehören zu den kalorienreichsten Früchten.100 Gramm kommen schon auf 90 Kalorien.

Essen Sie Bananen bei Magen- und Nierenerkrankungen. Sie helfen auch gegen Gicht, bauen unterernährte Kinder auf und geben älteren Menschen Kraft. Sie beruhigen die Nerven und regen die Sexualität an.

Hellgelbe Bananen enthalten mehr Stärke und wenig Zucker, bei vollreifen hingegen hat sich die Stärke vollständig in Zucker umgewandelt.

*

Birnen

Birnen sind kalorienarm und mit ihrem reichen Phosphorgehalt eine Nahrung für das Gehirn. Sie schärfen die Konzentration, bekämpfen Bluthochdruck und helfen bei Wechselbeschwerden.

*

Erdbeeren

Erdbeeren sind sehr gesund. Sie helfen gegen Gicht, Nierensteine, Lebererkrankungen, Blasenbeschwerden, Rheuma und Blutarmut. 200 Gramm haben nur 120 Kalorien.

Waschen Sie Erdbeeren immer zuerst und entfernen anschließend die Blätter und den Stielansatz. So verhindern Sie, dass die Früchte sich mit Wasser voll saugen und einen wässrigen Geschmack annehmen.

Erdbeeren enthalten sehr viel Vitamin A. Allerdings ist dieses Vitamin vom Körper nur verwertbar, wenn es in Fett gelöst wurde. Das mag auch der Grund dafür sein, dass man Erdbeeren mit frisch geschlagener Sahne serviert. Das schmeckt dann nicht nur köstlich, sondern ist auch gesund.

*

Grapefruits

Grapefruits oder Pampelmusen sind wahre Gesundheitsfrüchte. Sie sind reich an Vitamin C und arm an Kalorien. 200 Gramm enthalten 65! Sie entschlacken und fördern die Verdauung, wenn man sie auf nüchternen Magen ist. Aber Vorsicht: Sie regen auch den Appetit an.

*

Heidelbeeren

Heidelbeeren gehören ebenfalls zu den kalorienarmen Früchten. Sie kräftigen die Darmschleimhaut nach Magen- und Darmkrankheiten und helfen bei rheumatischen Erkrankungen.

*

Johannisbeeren

Johannisbeeren sind die Könige unter den Vitamin-C-Lieferanten. Frische schwarze Johannisbeeren übertreffen die

Zitrusfrüchte um das Fünffache
an Vitamin C.

Johannisbeeren sollten Sie erst kurz vor der Verarbeitung, noch an den Stielen hängend, waschen und erst anschließend von den Stielen zupfen. Sie sollten sofort verarbeitet werden, damit sie nicht zu viel Saft verlieren.

Johannisbeeren binden Giftstoffe im Darm und wirken gegen Gichtbeschwerden. Johannisbeermarmelade ist gut gegen Verstopfung.

*

Kirschen

Kirschen sind ebenfalls kalorienarm, enthalten Phosphor und blutbildendes Eisen. Sie sind ideal gegen Gicht und Verstopfung.

Sauerkirschen begünstigen die Tätigkeit von Leber und Niere.

Waschen Sie Kirschen immer sehr gut. An ihrer Haut haften Hefebazillen, die Blähungen hervorrufen können.

*

Kiwis

Kiwis bereichern ebenfalls Ihren Speisezettel. Sie zählen zu den Früchten, die einen hohen Vitamin-C-Gehalt haben. Darüber hinaus fördern sie die Verdauung.

Bewahren Sie reife Kiwis nicht in der Nähe von Bananen auf. Hier bekommen sie schnell eine schrumplige Haut.

Frische Kiwis enthalten ein Enzym, das Gelatine verflüssigt und Milchprodukte bitter werden lässt.

Mandarinen

Auch Mandarinen eignen sich hervorragend als Zwischenmahlzeit. Sie haben pro 100 Gramm nur 50 Kalorien, aber viel Vitamin C und Ballaststoffe. Dadurch stärken sie die Widerstandskraft.

*

Melonen

In diesen Früchten können Sie ruhig schwelgen. 400 Gramm Melone haben weniger als 100 Kalorien.

Reife Honigmelonen erkennen Sie daran, dass sie auf Fingerdruck leicht nachgeben und einen aromatischen Duft verströmen. Wenn Sie sie schütteln, können Sie innen die Samen rasseln hören.

Die Reife von Wassermelonen können Sie durch Klopfen an der Schale prüfen. Wenn Sie einen vollen, tiefen und singenden Ton hören, ist die Wassermelone reif.

*

Nektarinen

Greifen Sie für eine Zwischenmahlzeit auch ruhig zu Nektarinen. Sie haben wenig Kalorien und sind eine schmackhafte Züchtung aus Pfirsichen und Pflaumen. Die glatte Haut stammt von den Pflaumen, Fruchtfleisch und Geschmack eher von den Pfirsichen. Vorteilhaft ist ihre glatte Haut und der Kern, der sich besonders leicht auslösen lässt.

Bevorzugen Sie beim Kauf Früchte, deren Schale keine Grüntönung mehr aufweist und die einen intensiven Duft verströmen. Die sind sehr schmackhaft, da sie nicht zu früh gepflückt wurden.

Orangen

Wie alle Zitrusfrüchte verfügen Orangen über viel Vitamin C, haben jedoch wenig Kalorien (100 Gramm etwa 66). Deshalb eignen sie sich gut als Zwischenmahlzeit oder auch als Drink für zwischendurch.

Bevorzugen Sie als Saftorangen die dünnschaligen. Die dickschaligen wiederum lassen sich leichter schälen und sind zum Essen besser geeignet.

Erwärmen Sie Orangen vor dem Auspressen einige Minuten lang im Backofen oder rollen Sie sie mit der flachen Hand auf dem Küchentisch hin und her. Dann erhalten Sie fast die doppelte Menge Saft.

*

Pfirsiche

Pfirsiche sind eisenreich und gelten als verdauungsfördernd, lebensverlängernd und kräftigend. Sie lindern rheumatische Beschwerden sowie Muskelerkrankungen und helfen bei Schwächezuständen.

Kaufen Sie Pfirsiche nach der Nase. Frische duften verführerisch.

*

Pflaumen

Pflaumen wirken bei Leber- und Nierenproblemen, bei Gicht, Rheuma und Arterienverkalkung. Vor allem getrocknete Pflaumen fördern die Verdauung.

Machen Sie Pflaumen so spät wie möglich ein. Sie sparen viel Zucker und damit Kalorien, da späte Pflaumen schon genügend Eigenzucker haben. Frühen

Pflaumen hingegen mangelt es daran, so dass sie beim Einkochen Zucker zusetzen müssen.

❋

Rosinen

Wie trockene Pflaumen wirken Rosinen ausgezeichnet bei Verstopfung, darüber hinaus gegen Bluthochdruck und Gicht.

❋

Trockenobst

Auch Trockenobst enthält noch wichtige Nährstoffe, vor allem aber Mineral- und Ballaststoffe. Durch das Dörren gehen nämlich die Inhaltsstoffe der einzelnen Früchte nicht verloren, es verflüchtigt sich nur die Feuchtigkeit in den Früchten.

Aber Vorsicht: Trockenobst ist erheblich kalorienreicher als das entsprechende frische Obst. 150 Gramm Weintrauben etwa weisen 110 Kalorien auf, die gleiche Menge Rosinen hingegen hat 420 Kalorien.

Bevorzugen Sie ungeschwefeltes, dunkles Obst. Dies enthält noch Vitamin B_1, dessen Anteil beim Trocknen mit Schwefel vermindert wird.

Aufgepasst bei essfertigem Dörrobst. Es ist zwar schön weich und saftig, enthält aber noch relativ viel Wasser. Da sich Keime bilden können, werden ihm Konservierungsstoffe zugesetzt, um die Haltbarkeit zu garantieren.

*

Weintrauben

Weintrauben bieten Ihnen neben Wasser viel Traubenzucker, Eiweiß, Kalium, Magnesium, Phosphorsäure und Vitamine, also lebenswichtige und gesundheitsfördernde Mineral- und Aufbaustoffe.

Trauben geben dem Körper Spannkraft, regen die Nierentätigkeit an, bringen die Leber in Schwung und sind ausgezeichnet für Haut und Kreislauf. Sie entschlacken obendrein, heben die Lebensgeister und haben eine leicht abführende Wirkung.

Bei hellen Trauben gilt: Je gelber die Beeren, desto reifer sind sie und desto süßer schmecken sie. Eine braune Pigmentierung weist auf reichlich Sonneneinstrahlung und damit auf die Süße der Früchte hin.

Da haben wir den Salat

Die besten Tipps zur Ernährung mit Salat

Wertvolles Nahrungsmittel

Alles „Grünzeug" ist für die Ernährung und für die schlanke Linie unersetzlich. Es liefert Ihnen die Vitamine A, B und C, Mineralstoffe und Spurenelemente. Zusätzlich enthält es Kohlehydrate und Ballaststoffe.

Rohkost belebt Ihren Stoffwechsel. Ernährungswissenschaftler empfehlen für eine gesunde Ernährung den täglichen Verzehr von Gemüse, speziell in roher Form.

Essen Sie Salat aus Gemüse so oft wie möglich als Rohkost. So nehmen Sie am meisten von den wichtigen Inhaltsstoffen auf.

Von grünem Salat dürfen Sie ganze Berge vertilgen, so wenig Kalorien stecken darin, aber natürlich müssen Sie auf üppige Soßen und Marinaden verzichten.

Bevorzugen Sie stets Freilandware, wenn Sie Blattsalate kaufen; denn Treibhausware ist stark mit Nitrat belastet und welkt besonders schnell.

Kalorienunterschiede ergeben sich bei den Salaten durch den verschiedenen Wassergehalt der Gemüse.

Mit der Rohkost gelangen auch Bakterien in den Körper, die die Infektabwehr stärken.

*

Zubereitung

Fast jedes Gemüse lässt sich als Rohkost zubereiten. Allerdings sind sehr feste Gemüsesorten (wie etwa Kohl) ungegart schwer bekömmlich.

Verarbeiten Sie Salat möglichst frisch. Durch lange Lagerung wird seine Ausgewogenheit und Nährstoffdichte beeinträchtigt.

Entfernen Sie bei Salaten und Kohlköpfen die äußeren Blätter. Sie enthalten meist viel Nitrat.

Bereiten Sie Rohkost erst unmittelbar vor dem Verzehr vor. Sauerstoff und Licht können wertvolle Wirkstoffe zerstören.

Decken Sie geschnittene, geriebene oder geraspelte Rohkost bis zum Verzehr zu.

Waschen Sie die Blätter von grünem Salat zügig in stehendem Wasser und zerpflücken Sie die Blätter erst später. Das schont die Vitamine.

Mischen Sie Kräuter und ein paar Tropfen Zitrone unter den Rohkostsalat, der Vitamine wegen.

Geben Sie einen Tropfen Pflanzenöl zum Rohkostsalat. Es nutzt das Vitamin A besser aus.

Nehmen Sie für Salatsoßen statt Essig lieber Zitrone. Vitamin C hemmt die Umwandlung von Nitrat in Nitrit.

Verwenden Sie sparsam Öl und Fette bei der Herstellung von Salatsoßen.

*

Chicoréesalat

Schneiden Sie den keilförmigen, oft bitteren Stielansatz immer mit einem Messer heraus und verarbeiten Sie den geschnittenen Chicorée sofort weiter. Er verfärbt sich schnell.

Chicoréesalat welkt dahin, wenn er zu feucht gelagert wird. Als Rettungsversuch können Sie die Chicoréeblätter kurz in Eiswasser wenden.

Dann besteht die Möglichkeit, dass sie wieder fest und knackig werden.

*

Endiviensalat

Endiviensalat ist sehr gesund. Er unterstützt die Arbeit der Leber, beruhigt die Nerven, fördert die Verdauung und wirkt harntreibend.

Endiviensalat enthält Bitterstoffe. Wenn sie diesen Geschmack nicht mögen, verwenden Sie lediglich die gelben Blätter und schneiden den Strunk heraus. Er ist besonders bitter.

Die grünen Blätter des Endiviensalats können Sie auch als Suppengrün verwenden.

*

Feldsalat

Feldsalat, der auch Rapunzel-, Acker- oder Nüsslisalat genannt wird, ist sehr gesund und schlägt mit seinen Nährstoffen, Mineralien und Vitaminen Endivien- und Kopfsalat um Längen. Er enthält besonders viel Vitamin A und C. Aber Vorsicht: Er ist sehr zugempfindlich.

*

Gurkensalat

Gurken eignen sich besonders für Diäten und Schlankheitskost. Sie entschlacken nicht nur hervorragend, sondern wirken auch hautregenerierend und harntreibend.

Da Gurken Wasser ziehen, wenn Sie mit Salz in Berührung kommen, sollten Sie Gurkensalat erst unmittelbar vor dem Servieren maßvoll salzen.

Alle Salatgurken, die Sie kaufen, sollten frisch sein, also dunkelgrün aussehen, an den Enden nicht runzelig sein, eine straffe und feste Form aufweisen und sich nicht biegen lassen.

*

Kopfsalat

Kopfsalat ist empfindlich. Kaufen Sie darum nur knackig grüne Köpfe ohne welke Stellen und verbrauchen Sie den Salat schnell.

Verzichten Sie im Winter auf Kopfsalat. Er enthält zu dieser Zeit besonders viele Schadstoffe, da er im Treibhaus stark gespritzt wird und sein Nitrat durch Sonnenstrahlen nicht mehr zum Schmelzen gebracht werden kann.

Nachweislich aus biologischem Anbau stammender Kopfsalat spendet Vitalität und beruhigt die Nerven.

Krautsalat

Weißkraut hilft gegen Blutarmut, stärkt die Verdauung und hilft bei Zahnfleischbluten.

Der Salat wird bekömmlicher, wenn Sie das geschnittene oder gehobelte Kraut kurz blanchieren oder mit heißem Wasser überbrühen.

*

Sauerkrautsalat

Vor allem rohes Sauerkraut ist ein wichtiger Vitamin- und Minerallieferant. Es wirkt verjüngend, stärkt die Magen- und Darmtätigkeit, entgiftet den Darm und erleichtert Rheumabeschwerden.

*

Tomatensalat

Beim Zubereiten einer Soße für Tomatensalat sollten Sie sparsam mit

Essig oder Zitronensaft umgehen, da Tomaten bereits reichlich Säure enthalten.

*

Zucchini

Sie können Zucchini auch als Rohkostsalat anrichten. Raspeln Sie die Frucht grob und drücken Sie die Raspeln vor der Zubereitung in einem Sieb aus. Dann kann überschüssige Flüssigkeit abfließen und der Salat verwässert nicht.

Ach du dickes Ei

Die besten Tipps zur Ernährung mit Eiern

Eiweißreiches Nahrungsmittel

Eier sind eine gesunde Alternative zu Fleisch. Ein Hühnerei von 60 Gramm hat nur rund 90 Kalorien, Spuren von Kohlehydraten und gut sechs Gramm Fett. Es enthält außerdem Phosphor, Natrium, Eisen und die fettlöslichen Vitamin A, D, E und K.

Da die wertvollen Inhaltsstoffe des Eies in einer für Menschen günstigen Form vorliegen, werden sie zu 95 Prozent vom Körper ausgenutzt.

Ein normalgroßes Hühnerei deckt mit seinen sieben Gramm Eiweiß bereits zehn Prozent des täglichen Eiweißbedarfs. Dieses Eiweiß ist reich an essenziellen Aminosäuren, die dem Körper unbedingt zugeführt werden müssen, da er sie nicht selbst herstellen kann.

Ein Ei deckt den gesamten Tagesbedarf des Menschen an Cholesterin (300 Milligramm).

Verzichten Sie weitgehend auf Eier, wenn Ihr Cholesterinspiegel zu hoch ist.

Bei einem gesunden Fettstoffwechsel hat ein hoher Eiergenuss keinen Anstieg des Cholesterinspiegels zur Folge. Dennoch sollten Erwachsene ruhigen Gewissens nicht mehr als zwei bis drei Eier pro Woche verzehren.

Wenn Sie an Fleisch und Wurst sparen, können Sie aber ruhig auch einmal zwei Eier am Tag zu sich nehmen.

Braune Eier sind nicht gesünder als weiße. Die Farbe der Eier ist lediglich eine Frage der Hühnerrasse.

Auch Eier mit dunkelgelbem Dotter sind nicht gesünder als andere. Hühner, die solche Eier legen, bekommen Karotin ins Futter, die dem Eigelb seine Farbe verleihen. Das ist zwar nicht schädlich, aber vollkommen unnötig.

*

Kauf

Kaufen Sie möglichst frische Eier. Eier verfügen nämlich über ein eigenes Immunsystem, das sie 18 Tage lang vor dem Eindringen von Salmonellen und ähnlichem schützt.

Bevorzugen Sie beim Kauf Eier aus Freilandhaltung, denn nur diese stammen von Hühnern, die artgerecht gehalten werden. Bei diesen Eiern ist außerdem die Salmonellengefahr deutlich geringer als bei Eiern aus der Legebatterie.

Kaufen Sie Eier am besten direkt beim Bauern. Hier haben Sie die Gewähr für die Frische der Eier und für die Haltung der Tiere.

Lassen Sie sich nicht täuschen. Dass an Eiern noch Hühnerdreck klebt, ist kein Indiz dafür, dass sie aus Freilandhaltung stammen.

Eier aus der Legebatterie sind keineswegs gesünder als die von frei laufenden Hennen. Vielmehr sind diese Tiere aufgrund der engen Haltung in den Maschendrahtkäfigen gesundheitlich viel anfälliger und bekommen deshalb oft Medikamente und Antibiotika, Sulfonamide, arsenhaltige Arzneimittel und Psychopharmaka ins Futter. Rückstände dieser Chemikalien finden sich dann im Eidotter und werden mitgegessen.

Kaufen Sie abwechselnd pro Woche einmal braune, einmal weiße Eier, dann wissen Sie immer, welche die frischeren und welche die älteren Eier sind.

Manchmal kleben die Eier an der Pappschachtel fest. Sie bekommen sie heil heraus, indem Sie die Schachtel in kaltes Wasser stellen und dadurch die Verklebung auflösen.

*

Frische

Achten Sie darauf, dass die Eier rauh und kalkig aussehen. Dann sind sie frisch. Nicht-frische Eier dagegen sind glatt und glänzend.

Die Frische eines Eies können Sie testen, indem Sie es in kaltes Salzwasser legen. Etwa eine Woche alte Eier stellen sich in dem Gefäß auf, ganz frische Eier bleiben flach auf dem Boden liegen.

Nach zwei bis drei Wochen steht das Ei auf der Spitze und beginnt, in dem mit Wasser gefüllten Gefäß zu schwimmen. Bei alten Eiern sind nämlich Dotter und Eiweiß eingetrocknet, wodurch eine Luftblase entstanden ist. Eier, die an der Oberfläche schwimmen, sollten Sie nicht mehr verwenden.

Die Frische eines Eies erkennen Sie auch, wenn Sie ein Ei aufschlagen. Nestfrische Eier haben einen kugelförmigen Dotter, der von gallertartigem, festem Eiweiß umgeben ist. Je älter das Ei, desto flacher der Dotter und desto wässriger das Eiweiß.

*

Aufbewahrung

Es ist ratsam, Eier immer im Kühlschrank aufzuheben.

Bewahren Sie Eier nie in ihrer Verpackung im Kühlschrank auf, sondern stets ohne. Auch die Verpackung kann Salmonellen enthalten.

Verschließen Sie Risse in Eiern mit Tesafilm. So können Sie sie unbesorgt noch einige Tage lang aufheben.

Gekochte Eier lassen sich nur drei Tage lang im Kühlschrank aufbewahren.

*

Verarbeitung

Wegen der Salmonellengefahr sollten Sie nur ganz frische Eier roh verwenden.

Rohes Eiweiß enthält Proteine, die das Vitamin Biotin unwirksam machen und Eisen binden. Erst Hitze macht diese Proteine unschädlich. Vermeiden Sie es deshalb, Eiweiß roh zu verzehren.

Verwerten Sie Eier, die bereits zwei bis drei Wochen alt sind, nur noch für Kuchen oder Aufläufe. Andernfalls ist die Salmonellengefahr zu groß.

Weichgekochte Eier sind am besten verträglich.

Bedenken Sie, dass die Garzeit ganz frischer Eier, also solcher, die maximal eine Woche alt sind, höher liegt als bei Eiern, die älter sind.

Wenn Ihnen aus Versehen die gekochten und die rohen Eier durcheinander gepurzelt sein sollten, drehen Sie sie einfach um die eigene Achse. Die Eier, die sich schneller drehen, sind die gekochten.

Pochieren Sie ausschließlich frische Eier. Denn auch hier ist andernfalls die Gefahr einer Salmonellen-vergiftung gegeben, da die

Temperatur nicht ausreicht, die Erreger abzutöten.

Kochen Sie Enteneier mindestens 15 bis 20 Minuten lang. Sie sind oftmals mit Salmonellen infiziert, deren Keime erst nach dieser Kochzeit abgetötet sind.

Bittersüß und inhaltsleer

Die besten Tipps zum Umgang mit Süßem

Zucker

Süße Zucker sind in der Regel für den menschlichen Körper überflüssig. Er holt sich die benötigten Kohlehydrate aus Stärke.

Alle Zuckerarten haben keinerlei Nährwert, sondern nur viele „leere" Kalorien und bestehen ausnahmslos aus Kohlehydraten. 100 Gramm haben rund 400 Kalorien. Im Durchschnitt nimmt jeder Erwachsene Bundesbürger Tag für Tag 100 Gramm Zucker zu sich.

Zucker begünstigt Karies. Selbst nach einem Apfel oder einer Banane sollten Sie sich streng genommen die Zähne putzen.

Industriell hergestellter Zucker regt die Bauchspeicheldrüse zu erhöhter Insulin-Ausschüttung an. So essen Sie sich durch Zucker regelrecht hungrig.

*

Fruchtzucker

Essen Sie Obst statt Süßigkeiten. Hier liegt Zucker in natürlicher Form vor.

Fruchtzucker ist leberfreundlich und wird Diabetikern in kleinen Mengen empfohlen, ist aber ganz schön kalorienreich. 100 Gramm haben etwa 400 Kalorien.

*

Traubenzucker

Traubenzucker finden Sie in Weintrauben. Er ist eine Energiequelle für alle Organe. Das Gehirn deckt seinen Bedarf ausschließlich mit Traubenzucker.

Traubenzucker kommt als Einfachzucker in unserer Nahrung nur in relativ geringen Mengen vor. Er wird aus anderen Kohlehydraten im Darm, durch die Verdauung oder im Stoffwechsel zu

Traubenzucker umgebaut oder in Traubenzucker überführt. Deshalb sollten Sie ihrem Körper in keinem Fall radikal Kohlehydrate entziehen.

*

Zucker sparen

Beim Einmachen von Obst können Sie Zucker einsparen, wenn Sie reife Früchte nehmen.

Reduzieren Sie schrittweise die Zuckermenge beim Kochen. Ein gestrichener Esslöffel macht etwa 15 Gramm Haushaltszucker aus, ein Teelöffel fünf Gramm.

Meiden Sie Zucker im Überfluss. Er wird vom Körper in Fett umgewandelt und ist so schädlich wie alles, von dem man zu viel isst.

Versuchen Sie, sich an einen bewussten Umgang mit Süßem zu gewöhnen. Süßstoffe verleiten eher zum Gegenteil.

Achten Sie auf versteckte Zuckermengen in Lebensmitteln. Die auf den Zutatenlisten zuerst aufgeführten Bestandteile sind am meisten enthalten. Ketchup beispielsweise enthält mehr Zucker als manches Speiseeis, nämlich 25 Prozent.

Kaufen Sie keine Süßigkeiten. Was nicht im Hause ist, können Sie nicht knabbern.

Trinken Sie nicht so viel (oder besser gar keine) Limonade oder andere alkoholfreie Getränke, die mit Zucker hergestellt wurden. Bei diesen Getränken kann der Zuckeranteil bis zu einer Menge von acht Teelöffeln auf je 350 Gramm anwachsen.

*

Alternativen

Es gibt keine gesunden Alternativen beim Süßen.

Als Kaloriensparer sollten Sie lieber zu festem und flüssigem Süßstoff greifen. Saccharin hat 200-mal bis 700-mal so viel Süßkraft wie Zucker, aber nicht eine Kalorie. Cyclamat ist etwa 30-mal süßer als Rübenzucker – ohne eine Kalorie.

Brauner Zucker ist keine gesunde Alternative. Er ist im Grunde nur weniger gereinigter Rüben- oder Rohrzucker.

Diabetiker sollten Zuckeraustauschstoffe wie Sorbit oder Xylit zum Süßen nehmen, da sie aus pflanzlichen Grundstoffen gewonnen werden. Deshalb sind sie zwar für Diabetiker bekömmlich, aber gleichfalls leere Kalorienträger.

*

Honig

Süßen Sie – wenn überhaupt – lieber mit Honig. Er besteht nur zu einem Prozent aus Rohrzucker, sonst aber aus Frucht- und Traubenzucker. Das macht ihn für die menschliche Nahrung wertvoll, da er direkt vom Darm in den Blutkreislauf übergeht und schnell Energie liefert.

Bienenhonig hat weit weniger Kalorien als Zucker und zusätzlich einige Mineralien und Vitamine.

Da Honig besonders intensiv an den Zähnen haftet, ist er aber für Ihre Zähne noch schädlicher als der weiße Haushaltszucker.

Wer mit Honig süßt, süßt sparsamer. Aufgrund der Intensität der Süße lässt meist der Appetit auf zuckersüße Speisen nach, und damit kann Honig zu einem echten Schlankheitsfaktor werden.

Sirup

Ahornsirup, Apfeldicksaft und Zuckerrübensirup sind kalorienärmer als normaler Zucker. Sie können sie unter den gleichen Vorbehalten zum Süßen verwenden wie Honig.

Trotz Ihrer Vitamine und Mineralstoffe sollten sie auch Sirupe nicht im Übermaß einsetzen. Sie schaden Ihren Zähnen mehr als weißer Zucker, da sie stärker an ihnen haften bleiben.

*

Brotaufstrich

Ziehen Sie kalorienreduzierte Marmelade vor. 100 Gramm einfache Konfitüre hat 250 Kalorien, reduzierte hingegen nur 96.

Verzichten Sie auf Nuss-Nugat-Creme. 100 Gramm enthalten 540 Kalorien.

Gelees sind relativ kalorienarm. 100 Gramm bringen es dennoch immerhin auf 278 Kalorien.

Streichen Sie auf ein Knäckebrot sehr dünn Honig und belegen Sie es mit dünnen Kiwischeiben. So essen Sie gesunde Kohlehydrate, die Sie den ganzen Tag fit halten.

*

Schokolade

Schokolade macht dick. Sie enthält zwar ein paar Mineralien und Spurenelemente, aber vor allem viel Fett, Eiweiß und Kohlehydrate.

Sie müssten acht oder neun Äpfel (etwa drei Pfund) essen, um die gleiche Kalorienmenge zu bekommen, wie von 150 Gramm Milchschokolade. Ein Apfel stillt Ihren Hunger besser.

Schon ein Stückchen regt durch das Theobromin Herz und Zentralnervensystem an und wirkt harntreibend.

Die Spuren von „biogenen Aminen" in Schokolade steigern die Gehirnfunktionen sowie das phsychische Befinden.

*

Zuckerhaltige Getränke

Bedenken Sie, dass sich in Limonaden große Mengen an Zucker befinden. Das macht sie sehr kalorienreich. In einer Flasche Zitronenlimonade stecken so viele Kalorien wie in 120 Gramm Rindfleisch.

Ein Liter Cola hat so viele Kalorien wie 40 Stück Würfelzucker.

Unterschätzen Sie auch Fruchtnektare nicht. In ihnen schlummern bis zu 200 Gramm Zucker pro Liter.

Rechnen Sie bei Fruchtsaftgetränken ebenfalls mit einem hohen Zucker-, also Kalorienanteil. Sie sind mit Tafelwasser stark verdünnt und häufig ganz erheblich gezuckert.

Fruchtsäfte dürfen bis zu 15 Gramm Süßungsmittel enthalten, ohne dass dies auf der Zutatenliste vermerkt sein muss. Größere Mengen an Zucker bedürfen jedoch einer Kennzeichnung. Das können bis zu 100 Gramm pro Liter sein. Achten Sie deshalb auf den Vermerk „ungezuckert" auf dem Ettikett.

*

Desserts

Verzichten Sie auf Kalorienbomben wie Eis oder Torte. Die haben, für sich allein genommen, meistens genauso viele Kalorien wie das vorangegangene Menü.

Energiearme Süßspeisen können Sie herstellen, indem Sie mit Gelatine binden.

Backen Sie anstelle einer Obsttorte einen Apfel und würzen Sie ihn mit Zimt.

Ein fettarmes Erdbeer-Orangen-Sorbet stellen Sie her, indem Sie Orangensaft mit etwas Zucker aufkochen und diesen nach dem Abkühlen mit Joghurt mischen. Danach pürieren Sie die Früchte, geben Sie in die Joghurtmasse hinein und gefrieren alles etwa fünf Stunden.

Probieren Sie einmal ein Früchtemüsli aus Kumquats, Feigen, einer Sternfrucht, Litschis, einer Mango, Kiwis und Ananas, die Sie unter ein wenig Müslimischung und Magermilchjoghurt heben.

So erhalten Sie eine ausgefallene, vitaminreiche und kalorienarme Nachspeise.

Auch Rote Grütze sollten sie als kalorienarmes Dessert vormerken.

Mischen Sie Joghurt aus Magermilch mit Obst oder Süßstoff selbst an. Dann erhalten Sie einen leckeren Nachtisch, der erheblich kalorienärmer ist als fertiger Früchtejoghurt.

Nehmen Sie für Obstsalat nur ausgereifte Früchte und achten Sie beim Mischen auf ein ausgewogenes Verhältnis zwischen süßen und sauren Früchten. Dann können Sie sparsam süßen.

Geben Sie einen Schuss Cognac in den Obstsalat. Er sogt für das passende Aroma und ist kein Kalorienverschwender.

Quark kann man lecker zubereiten mit frischem Obst und Obstsäften. Süßen Sie mit Süßstoff.

Rhabarberkompott ist kalorienarm, aber vielen Menschen zu sauer. Süßen Sie das Kompott statt mit Zucker mit etwas Grieß an oder rühren Sie einige Bananenscheiben unter – das neutralisiert die ätzende Säure ohne allzu viel Kalorien.

Klein – aber oho

Die besten Tipps zur gesunden Versorgung mit Nährstoffen

Für die gesunde Versorgung mit Nährstoffen ist die abwechslungsreiche und vielseitige Ernährung Grundvoraussetzung. Die Gestaltung eines bunten Speiseplans ist heute ein Vergnügen. Doch kommt es in erster Linie nicht darauf an, was wir essen, sondern welche Inhaltsstoffe unsere Lebensmittel enthalten. Zu den sogenannten essenziellen Nährstoffen gehören in erster Linie in Eiweiß enthaltene Aminosäuren, Vitamine, Mineralstoffe, Spurenelemente und Wasser. Diese Nährstoffe kann unser Körper nicht selbst herstellen, braucht sie jedoch notwendig zum Leben, so dass sie über die Nahrung zugeführt werden müssen. Natürlich gehören aber auch Kohlehydrate, bestimmte Fette und Eiweiß als Energielieferanten notwendig zu unserer Nahrung hinzu.

Eiweiß

Unser Körper braucht Eiweiß zum Aufbau und zur Erhaltung von Zellen, Muskulatur und Nerven sowie für einen geregelten Stoffwechsel. Jede Eiweißmenge aber, die für diese wichtige Tätigkeit nicht mehr benötigt wird, setzt der Körper in Energie um. Pflanzliches Eiweiß kann durch tierisches Eiweiß vorteilhaft ergänzt werden, seine Bedeutung für den menschlichen Organismus wird dadurch verbessert. Unser Körper benötigt 22 der im Eiweiß vorkommenden, lebensnotwendigen Aminosäuren. Fehlt eine davon, kommt es zu Mangelerscheinungen.

*

Eiweißarten

Tierisches Eiweiß finden Sie vor allem in Milch, Joghurt, Quark, Käse, Eiern, Geflügel, Fisch und Innereien.

Pflanzliches Eiweiß können Sie gut über Nüsse (kalorienreich), Hülsenfrüchte, Kartoffeln, Getreideflocken, Vollkorn oder Soja zu sich nehmen.

Mischen Sie am besten zwei Eiweißarten miteinander: Kombinieren Sie etwa Eier mit Kartoffeln oder Teigwaren oder Reis oder Bohnen. Essen Sie Rindfleisch samt Kartoffeln oder trinken Sie Milch in Verbindung mit einem Stück Brot.

*

Eiweißbedarf

Da der Körper Eiweiß nur in geringen Mengen speichern kann, sollten Sie jeden Tag Eiweiß zu sich nehmen.

Um Ihren täglichen Bedarf an Eiweiß zu decken, müssen Sie 0,8 Gramm dieses Nährstoffes pro Kilogramm Ihres Körpergewichts über die Nahrung aufnehmen.

„Geistesarbeiter", Schulkinder und ältere Menschen können ruhig etwas mehr als die Standardmenge zu sich nehmen.

Der Eiweißbedarf erhöht sich auch bei einer Schwangerschaft, in Stresssituationen und bei Krankheiten. Ernähren Sie sich also schon bei Schnupfen „eiweißbewusst".

Ein Gramm Eiweiß hat 4,1 Kalorien.

Eiweiß entwickelt um ein Drittel mehr Wärme als Fett oder Kohlehydrate. Essen Sie also an kalten Tagen lieber eiweißreicher, an warmen hingegen eiweißärmer.

Um während einer Diät die Gefahr einer ungenügenden Versorgung mit Eiweiß auszuschließen, sollten Sie im Verhältnis zu den übrigen Nahrungsmitteln größere Mengen an Fleisch, Fisch, Quark und Magerquark essen.

Achten Sie auf den Fettgehalt eines Lebensmittels: Je höher der Fettgehalt, desto niedriger ist sein Eiweißgehalt.

Sorgen Sie für eine ausreichende Versorgung mit hochwertigem Eiweiß am besten mit fettarmen Nahrungsmitteln.

*

Kohlehydrate

Kohlehydrate sind eine Zusammensetzung aus Kohle, Wasserstoff und Sauerstoff. Ohne sie kann kein Mensch auf Dauer leben. Sie sind die Zucker- und Mehlanteile in unserer Nahrung und zusammen mit Eiweiß und Fett einer der drei energieliefernden Hauptnährstoffe des Menschen. Es gibt Organe, die ihren ausschließlichen Energiebedarf aus dem Kohlehydrat Glycose beziehen: das Gehirn, das mit Fett und Eiweiß nichts anfangen kann, das Nierenmark und die roten Blutkörperchen. Kohlehydrate werden des Weiteren zur Bildung der Knochen, der Knorpel und des Bindegewebes benötigt. Essen Sie zu wenig Kohlehydrate, fehlen dem Stoffwechsel Magnesium, Kalium und Zink – wichtige Stoffe, die im Stoffwechsel Kalk kontrollieren.

*

Kohlehydratbedarf

Zucker ist ein reines Kohlehydrat. Doch in dieser Form sollte man nicht mehr als 10 Prozent der Gesamtenergie einnehmen. Der überwiegende Teil der Energiezufuhr sollte über Stärke, sogenannte Polysaccharide, erfolgen.

Setzen Sie Ihre Nahrung Tag für Tag zur Hälfte aus komplexen, also aus Stärke stammenden Kohlehydraten zusammen.

Ein Kohlehydrat hat ungefähr vier Kalorien.

Besonders in Brot, Kartoffeln, Kuhmilch, Salat, Gemüse, Hülsenfrüchten und Vollkorn finden Sie die komplexen Kohlehydrate.

Meiden Sie die „leeren" Kohlehydrate Zucker, Süßigkeiten, Kuchen, Weißbrot, polierten Reis, helles Mehl und Gries, wenn Sie abnehmen möchten. Denn sie werden schnell und vollständig abgebaut und im Organismus aufgenommen. Wenn der Glycogen-Speicher der Leber gefüllt ist, werden die überschüssigen Kohlehydrate in Fett umgewandelt und in den Polstern des Körpers gespeichert. Die Folge: Sie werden dicker.

Essen Sie möglichst die komplexen und schwerer verdaubaren Kohlehydrate wie Salate, Gemüse, Obst und Vollkorn. Diese brauchen längere Zeit zur Umwandlung, füllen den Glycogen-Speicher der Leber nur langsam und verhindern so, dass sich überschüssige Kohlehydrate in Fett umwandeln.

*

Mineralstoffe

Mineralstoffe sind anorganische Substanzen, die unser Körper nicht selbst herstellen kann und die ihm deshalb permanent über die Nahrung zugeführt werden müssen. Sie liefern keine Energie, sondern sind Bausteine des Körpers für Knochen und Zähne sowie Wirkstoffe zur Steuerung der Stoffwechselvorgänge. Zu den Mineralstoffen gehören Kalium, Calcium, Magnesium, Natrium, Phosphor und Chlorid. Daneben gibt es eine ganze Reihe von sogenannten Spurenelementen, also Mineralien in einer Konzentration von höchstens 0,0005 Prozent.

Mineralstoffbedarf

Um Ihren täglichen Bedarf an Mineralstoffen zu decken, sollten Sie je zwei bis drei Gamm Natrium und Kalium, 0,25 Gramm Magnesium, je 0,8 Gramm Calcium und Phosphor, 1,5 Gramm Chlorid sowie 15 Milligramm Eisen über die Nahrung zu sich nehmen.

Achten Sie darauf, daß Schwangeren, Stillenden, Säuglingen und Kindern an Calcium und Phosphor weit höhere Mengen zur Verfügung stehen.

Füllen Sie Ihren Mineralhaushalt nach körperlichen Anstrengungen oder bei starker Hitze immer wieder auf. Durch das Schwitzen verlieren Sie viele dieser wichtigen Stoffe.

Wenn Sie viel Eiweiß essen, sollten Sie zugleich größere Mengen an Magnesium, Kupfer und Zink aufnehmen.

Hauptsächlich über Gemüse, Vollkorn, Milch und Milchprodukte können Sie Mineralstoffe aufnehmen.

Vor allem durch moderne Darreichungsarten der Nahrungmittel, wie beispielsweise polierten Reis, Mehl von geschältem Getreide oder künstlich enthärtetem Wasser, stören Sie Ihren Mineralhaushalt.

*

Calcium

Trinken Sie Milch. Sie ist ein vorzüglicher Calcium-Lieferant. Essen Sie dazu Vollkornbrot oder Haferflocken. So sichern Sie Ihre Calciumversorgung.

Größere Mengen Calcium finden Sie auch in Corned Beef, Hering, Rotbarsch, in grünen Gemüsen, in Apfelsinen und allen Nüssen.

Nehmen Sie während einer Schlankheitskur Calcium-Tabletten ein, denn durch die geringe Nahrungszufuhr kann es Ihnen an Calcium mangeln. Dieser Mangel führt oft zu Nervosität, Schlaflosigkeit, Schmerzempfindlichkeit und Depressionen.

Calcium-Mangel begünstigt Osteoporose, da der Körper fehlendes Calcium aus den Knochen bezieht, die dann brüchig werden.

*

Eisen

Jedes rote Blutkörperchen braucht Eisen, um Sauerstoff transportieren zu können. Bei Eisenmangel kommt es zu Blutarmut, Krankheit und Müdigkeit.

Um Ihren Bedarf an Eisen zu decken, können Sie alle fettarmen Fleisch- und Wurstwaren, vor allem aber Leber essen.

Soja, Lauch, Aprikosen, Bananen, Weizenvollkorn und Kräuter sind gute Eisenlieferanten, hervorragende dagegen Spinat (4,1 Milligramm auf 100 Gramm) und Seelachs.

Am besten verzehren Sie gleichzeitig Fleisch und Gemüse. Dadurch verbessert sich die Eisenaufnahme.

Greifen Sie ruhig auf Tiefgefrorenes zurück. Im Allgemeinen wird die Ausnutzbarkeit von Eisen durch Tiefgefrieren erhöht.

*

Jod

Achten Sie auf die Aufnahme von Jod. Es ist vor allem in Seefischen, Meeresfrüchten, Innereien, Milch und Eiern vorhanden.

Sie sollten pro Tag rund 200 Milligramm Jod zu sich nehmen. So vermeiden Sie Schilddrüsenunterfunktionen.

Sie können auch Jodsalz beim Kochen verwenden, um Ihren Bedarf an Jod auszugleichen.

*

Kalium

Kalium finden Sie reichlich in allen Früchten und Gemüsen. Es wirkt entwässernd und entgiftend. Der Körper braucht es, um den Druck in seinen Zellen aufrechtzuerhalten.

*

Magnesium

Magnesium ist durch die Aktivierung nahezu aller Enzyme am Stoffwechsel beteiligt und ebenfalls zuständig für das Zusammenspiel von Nerven und

Muskeln. Um Ihren täglichen Bedarf zu decken, sollten Sie rund 350 Milligramm vor allem durch Vollkornerzeugnisse und Gemüse zu sich nehmen.

Schwangere brauchen mehr Magnesium, da sie diesen Mineralstoff vermehrt ausscheiden. Ihr Tagesbedarf liegt bei rund 400 bis 500 Milligramm.

Wenn Sie viel Stress ausgesetzt sind, sollten Sie ihre Magnesiumaufnahme erhöhen. Sie haben dann nämlich einen größeren Bedarf an Magnesium, weil bei der Ausschüttung von Adrenalin auch Magnesium ins Blut frei gesetzt wird.

Fett hemmt die Magnesiumaufnahme. Der Mineralstoff wird ganz einfach wieder über den Darm ausgeschieden.

Um die Magnesiumaufnahme zu verbessern, sollten Sie bei besonderem Bedarf gezielt magnesiumreiches Mineralwasser trinken, das mindestens 50 Milligramm Magnesium pro Liter enthält.

*

Natrium

Den Natriumhaushalt regulieren die Nieren. Natrium bindet Wasser im Körper und regt die Verdauungssäfte an. Sie nehmen es vorwiegend zusammen mit Kochsalz auf.

Schmecken Sie Ihre Speisen mit Kräutern und Gewürzen ab. So nehmen Sie ebenfalls Natrium auf.

*

Phosphor

Phosphor können Sie vor allem über Fleisch, Fisch, Nüsse, Kartoffeln, Gemüse und Milch aufnehmen. Der Tagesbedarf eines Erwachsenen liegt bei 0,7 bis 0,8 Gramm.

Selen und Zink

Nicht vergessen sollten Sie auch Zink und Selen. Sie benötigen von Zink täglich etwa 13 Milligramm und von Selen zwischen 20 und 100 Milligramm. Sie kommen überwiegend in Fleisch, Fisch und Getreide vor. Beide Stoffe sind Bestandteile von Enzymen und als solche wichtig für das Immunsystem und den Eiweißabbau.

*

Vitamine

Vitamine sind organische Stoffe, die für die Aufrechterhaltung aller Lebensfunktionen sorgen. Ohne sie kann kein Mensch leben. Schon ein kleiner Mangel führt zu Müdigkeit, Leistungsabfall und zu schlechtem Aussehen. Die wichtigsten Vitamine sind die wasserlöslichen B und C sowie die fettlöslichen A, C, D, E und K. Die einzelnen Vitamine erfüllen innerhalb des Stoffwechsels unterschiedliche Aufgaben und können sich nicht gegenseitig ersetzen. Eine abwechslungsreiche Mischkost von möglichst frischen Lebensmitteln ist am besten in der Lage, uns mit allen lebensnotwendigen Vitaminen ausreichend zu versorgen.

*

Vitaminversorgung

Setzen Sie Speisen, in denen fettlösliche Vitamine vorkommen, stets etwas Fett zu; sonst können diese vom Körper nicht aufgenommen werden. Aber aufgepaßt: Diese Vitamine können vom Körper gespeichert werden und sind in zu großer Menge schädlich.

Ein Übermaß an wasserlöslichen Vitaminen scheidet der Körper wieder aus, so dass kaum Schäden durch eine Überdosierung entstehen können. Achten Sie hier vielmehr darauf, dass Ihr Körper regelmäßig Nachschub erhält. Andernfalls können schnell Mangelerscheinungen auftreten.

Wenn Sie längere Zeit Ihre Nahrungsaufnahme einschränken, sollten Sie unbedingt viel Obst und Gemüse essen oder darüber hinaus noch Vitaminpräparate einnehmen, um Ihre Vitaminversorgung zu sichern.

*

Vitamine schonen

Lange Lagerzeiten bekommen Vitaminen nicht. Am besten verwenden Sie nur frisches Obst und Gemüse. Darin sind die meisten Vitamine enthalten.

Der größte Anteil an Vitaminen befindet sich direkt unter der Schale. Deshalb sollten Sie Gemüse entweder ganz dünn schälen oder in der Schale kochen.

Pressen Sie Fruchtsäfte erst unmittelbar vor dem Verzehr. Dadurch erhalten Sie die Vitamine.

Dünsten Sie Gemüse und Kartoffeln in wenig Wasser oder dämpfen Sie beides. So schonen Sie die Vitamine.

Garen Sie Gemüse möglichst kurz. Dadurch retten Sie viele wertvolle Vitamine.

Sie können Gemüse auch in der Mikrowelle zubereiten. Auch das ist eine vitaminschonende Zubereitungsart.

Lassen Sie Gemüse nicht im kalten Wasser stehen, sondern geben Sie es erst in das kochende Salzwasser. Das erhält viele Vitamine.

Um Vitamine beim Kochen zu bewahren, sollten Sie Töpfe mit gut schließenden Deckeln benutzen.

Verwenden Sie möglichst das Kochwasser von Gemüse. Sonst gehen wichtige Vitamine mit dem weggeschütteten Wasser verloren.

Geben Sie Tiefkühlkost in einen Topf mit Salzwasser, ohne es auftauen zu lassen. So bleiben mehr Vitamine erhalten.

Vermeiden Sie langes Warmhalten der Speisen. Lassen Sie sie lieber abkühlen und wärmen Sie sie dann wieder auf. Dadurch gehen weniger Vitamine verloren.

Lagern Sie Lebensmittel so kühl wie möglich. Damit halten Sie die Verlustraten an Vitaminen relativ gering.

*

Vitamin A

Gute Vitamin A-Lieferanten finden Sie unter anderem in Leber, Milch, Margarine, Butter und Gemüse. Vitamin A ist wichtig für das Sehvermögen, den Aufbau und Erhalt der Haut, die Schleimhäute und das Immunsystem.

*

Vitamin B_1

Um Ihren Bedarf von 1,3 Milligramm Vitamin B_1 zu decken, sind die geeignetsten Nahrungsquellen Vollkornprodukte, Schweinefleisch, Hülsenfrüchte und Kartoffeln. Bei mangelnder Versorgung können Neuritis, Appetit- und Schlaflosigkeit, Konzentrationsschwäche und Reizbarkeit auftreten.

*

Vitamin B_2

Vor allem wenn Sie rauchen, sollten Sie auf Ihre Vitamin-B_2-Versorgung achten. Sie finden dieses Vitamin in Milch, Fleisch, Gemüse und Vollkornprodukten. Mangelerscheinungen zeigen sich durch Risse in den Mundwinkeln, Hautveränderungen, Schuppenbildungen, Sehstörungen und glanzlosen, brüchigen Fingernägeln.

*

Vitamin B_6

Machen Sie sich keine Sorgen um das Vitamin B_6. Eine abwechslungsreiche Ernährung sichert die Versorgung. Denn dieses Vitamin, das wichtig für den Eiweißstoffwechsel und die Blutbildung ist, kommt in fast allen Speisen vor.

*

Vitamin C

Um einen möglichst geringen Verlust an Vitamin C zu haben, sollten Sie Obst möglichst kühl lagern.

Wenn Sie Gemüse im Schnellkochtopf kochen, verringern Sie den Verlust an Vitamin C.

Pürieren Sie Kartoffeln und Gemüse nicht. Schneiden Sie beides lieber in Stücke oder essen Sie es in Gänze. Sonst verlieren Sie eine große Menge an Vitamin C.

Obst sollten Sie nicht kochen oder zerkochen. Das zerstört das Vitamin C.

Als Raucher ist es ratsam, in besonderem Maße auf die Versorgung mit Vitamin C zu achten, das in größeren Mengen in schwarzen Johannisbeeren, Zitronen, Orangen und Paprikaschoten enthalten ist.

Vitamin C schützt die Zellen, indem es sogenannte freie Radikale, also gefährliche molekulare Bruchstücke, fängt. Es trägt somit dazu bei, die Entstehung von krebsauslösenden Nitrosaminen aus Nitrat zu hemmen.

*

Vitamin D

Wenn Sie viel im Freien sind, können Sie Ihren täglichen Bedarf an Vitamin D durch die Sonnenbestrahlung decken.

In Lebertran, Thunfisch, Aal, Hering, Lachs, Vollmilch, Sahne, Butter, Käse, Eigelb, Rinderleber und Schweineleber stecken große Mengen an Vitamin D, das für den Einbau der Mineralstoffe in die Knochen, also für deren Festigkeit, zuständig ist.

*

Vitamin E

Besonders reich an Vitamin E sind Pflanzenöle, Vollkornprodukte, Eigelb, Nüsse, Erbsen, Spinat, Grünkohl und Salat.

Bereiten Sie Ihren Salat mit Keimöl zu. Je mehr mehrfach ungesättigte Fettsäuren zugeführt werden, desto höher ist der Bedarf an Vitamin E. Pro Gramm mehrfach ungesättigter Fettsäuren wird rund ein Milligramm Vitamin E benötigt.

Vitamin E schützt die roten Blutkörperchen, verbessert sehr

wahrscheinlich die Fließeigenschaften des Blutes und verringert so die Gefahr eines Herzinfarktes.

Vitamin E kann auch dazu beitragen, das Risiko einer Krebserkrankung zu mindern, da es im fetthaltigen Zellmembranbereich freie Radikale bindet.

*

Vitamin K

Lassen Sie Gemüse nicht im Licht liegen. Dadurch geht Chlorophyll und Vitamin K verloren – ein Vitamin, das besonders in grünen Pflanzen, aber auch in Haselnüssen und Erdbeeren vorkommt und vor allem für die Blutgerinnung sorgt. Ein Mangel daran kann für Nasenbluten verantwortlich sein.

*

Salze

Ohne Kochsalz kann der Körper nicht leben. Ob nun Steinsalz, Meersalz oder Kräutersalz – in jedem Fall ist es lebenswichtig für die Aufrechterhaltung des körpereigenen Wasser- und Elektrolyte-Haushalts. Aus diesem Grund ist es wichtig, den Körper in ausreichendem Maß mit Salz zu versorgen.

Zu viel Salz ist ungesund, da es Wasser bindet. Ein Gramm Kochsalz vermag ungefähr 100 Milliliter Wasser zu binden. Nehmen Sie zu viel Salz zu sich, kann so viel Flüssigkeit im Gewebe und in den Blutbahnen zurückgehalten werden, dass es zu Belastungen einzelner Organe kommt: Das Herz muss stärker pumpen, die Nieren das überflüssige Wasser und Salz ausscheiden. Achten Sie also darauf, wie viel Salz Sie verzehren.

Nehmen Sie nicht mehr als sieben Gramm Salz pro Tag zu sich. Diese Menge entspricht einem Teelöffel.

Bedenken Sie auch die Mengen an Salz, die schon in den Lebensmitteln an sich enthalten sind: In Brot oder Backwaren finden sich mehr als ein Gramm Salz pro 100 Gramm, in Käse bis zu fast vier Gramm und in Salzhering gar beinahe 15 Gramm pro 100 Gramm.

Deutschland ist die jodärmste Region in Europa. Deshalb ist dieses wichtige Mineral in unseren Böden nicht ausreichend vorhanden und wir nehmen allein über die Nahrung zu wenig Jod auf. Um Mangelerscheinungen vorzubeugen, sollten Sie beim Kochen möglichst nur Jodsalz verwenden. Aber natürlich auch das in Maßen.

Jeder kriegt sein Fett weg

Die besten Tipps zum Umgang mit Fett

Fett, die chemische Verbindung aus Glycerin und Fettsäuren, ist ein lebenswichtiger Energielieferant. Es gibt gesättigte, ungesättigte und mehrfach ungesättigte Fettsäuren. Letztere sind die essenziellen, das heißt die lebensnotwendigen, die der Körper aber nicht produzieren kann, sondern die ihm – wie Vitamine – zugeführt werden müssen. Beide Fettsäuren stecken im tierischen wie pflanzlichen Fett. Ohne sie zu leben, ist gefährlich, da manche wichtigen Vitamine nur durch Fett vom Körper aufgenommen werden können; mit zu vielen zu leben, führt zu Übergewicht. Fett sparen ist deshalb ein wichtiger Schritt zum Schlankwerden.

*

Fettmenge

Der Anteil an Fett in Ihrer täglichen Nahrung sollte nicht mehr als 30 Prozent betragen, also nicht mehr als 80 Gramm Fett.

Ein Gramm Fett hat 9,3 Kalorien.

Überreichlicher Fettverzehr gilt als krebsfördernd. Umstritten ist noch der Zusammenhang von zu hohem Fettkonsum und Brustkrebs, unbestritten hingegen der von zu viel Fett und Dickdarmkrebs.

*

Fettarten

Die Deutsche Gesellschaft für Ernährung empfiehlt, etwa ein Drittel gesättigte, ein Drittel ungesättigte und ein Drittel mehrfach ungesättigter Fettsäuren zu sich zu nehmen.

Geben Sie pflanzlichen Fetten, wie Pflanzenmargarine, Öle aus Sonnenblumen, Soja oder Weizenkeimen den Vorzug. Sie enthalten einen hohen Anteil an einfach und mehrfach ungesättigten Fettsäuren, die den Cholesterinspiegel ausgeglichen halten und bei der Produktion von Hormonen helfen.

Gebrauchen Sie Fett überwiegend in flüssiger Form. Je flüssiger es ist, um so mehr ungesättigte Fettsäuren sind darin. Je fester oder härter, um so mehr gesättigte Fettsäuren sind darin.

Gehen sie sparsam mit tierischem Fett um. Es liefert vorwiegend gesättigte Fettsäuren, die sich ungünstig auf die Blutfettwerte und den Cholesterinspiegel auswirken. Aber auch hier bestätigt die Ausnahme die Regel: Palmkernöl oder Kokosfett haben um 90 Prozent gesättigte Fettsäuren.

Eine genügende Menge an ungesättigten Fettsäuren erhalten Sie zum Beispiel durch eine Tagesration von 25 Gramm Diätmargarine und einen Esslöffel voll Mais- oder Weizenkeimöl. Aber diese Fette sollten Sie möglichst nicht erhitzen.

*

Margarine

100 Gramm normale Margarine enthalten 700 Kalorien. Um Kalorien zu sparen, können Sie zu Halbfett-Margarine zurückgreifen, die nur 40 Prozent Fett und die Hälfte an Kalorien enthält.

*

Butter

Frische Butter ist ein besonders leicht verdauliches Speisefett. Allerdings hat sie ebenfalls eine Menge Kalorien. In 100 Gramm Butter befinden sich bei einem Fettanteil von 82 Prozent rund 750 Kalorien. Seien Sie deshalb sparsam mit Butter.

*

Schadstoffe

Fette schleusen nicht nur wertvolle Stoffe (Vitamine) in den Körper ein, sondern heute leider auch Gifte. In den Fettgeweben mancher Menschen könnte man wahrscheinlich alle Arten von Pestiziden finden, sogar in Muttermilch. Schwangeren Frauen wird deshalb auch geraten, beim Huhn am besten die ganze Haut wegzulassen.

Pflanzenfette weisen viel weniger Gifte auf als tierische.

*

Versteckte Fette

Grundsätzlich gilt: Um versteckte Fette beziehungsweise Zutaten in Nahrungsmitteln ausfindig zu machen, sollten Sie sich jede Zutatenliste genau ansehen. Hier sind alle Ingredienzen nach ihrer Menge aufgelistet. An erster Stelle steht die Zutat, von der am meisten enthalten ist, an letzter Stelle die mit dem geringsten Anteil.

Achten Sie auf versteckte Fette in Fleisch und Wurstwaren. Zum Beispiel enthalten 100 Gramm Salami etwa 30 Gramm Fett, 100 Gramm Leberwurst 40 Gramm Fett, 100 Gramm Mettwurst sogar rund 41 Prozent Fett. Mit dieser Fettmenge decken Sie schon einen Großteil Ihres täglichen Fettbedarfs ab.

Auch in Käse steckt viel Fett. Er muß deshalb die Angabe aufweisen: ... Prozent Fett i.Tr. Das heißt, soundso viel Prozent an Fett sind in der Trockenmasse enthalten. Aber denken Sie daran: Die Trockenmasse macht vom Gesamtgewicht nur rund die Hälfte aus. Die Fettangaben beziehen sich nur auf diesen Anteil.

Bei weicheren Käsesorten wie zum Beispiel Camembert ist der Anteil der Trockenmasse geringer und somit der absolute Fettgehalt etwas kleiner als die Hälfte des in der Trockenmasse angegebenen Fettgehalts.

Bei schnittfesten Käsesorten wie zum Beispiel Gouda oder Edamer gilt als Faustregel: Die Hälfte der angegebenen Menge Fett i.Tr. entspricht der absoluten Fettmenge pro 100 Gramm. Das heißt 30 Prozent Fett i.Tr. sind gleich 15 Gramm Fett pro 100 Gramm Käse.

Achten Sie auch bei anderen Milchprodukten wie etwas Quark auf versteckte Fette. Sie sind wie beim Käse gekennzeichnet.

Der Fettgehalt in Milchprodukten wird häufig auch in Fettgehaltsstufen ausgedrückt. Die Doppelrahmstufe enthält zwischen 30 und 42,5 Prozent absoluten Fettgehalt, die Magerstufe weist höchtens fünf Prozent auf.

Nehmen Sie den billigsten Käse und das teuerste Fleisch, darin befinden sich die wenigsten versteckten Fette.

In Majonäse ist viel Fett und damit viele Kalorien enthalten. 100 Gramm mit einem Fettanteil von rund 80 Prozent haben rund 750 Kalorien und mit 50 Prozent Fettanteil immer noch 500 Kalorien. Obendrein wiegt Majonäse noch viel und diese 100 Gramm sind schnell in einem Salat oder ähnlichem verschwunden.

Sahne birgt ebenfalls viel Fett und Kalorien. Als Faustregel gilt: Sie hat dreimal so viel Kalorien wie Gramm. Allerdings ist Sahne gut verdaulich.

*

Fett sparen

Damit Ihnen so richtig bewusst wird, wie groß Ihre tägliche Fettmenge ist, machen Sie sich bitte die Mühe und wiegen sie 40 Gramm Fett (also die Menge des verwendeten Streich- beziehungsweise Bratfetts pro Tag) ab. Prägen Sie sich den Anblick dieses Stückchens ein.

Sie wissen ja, dass man meistens mit „Gefühl" kocht und isst.

Gewöhnen Sie es sich an, Speisefette genau abzumessen. Ein Esslöffel Öl (10 Gramm Fett) reicht, um einen Salat für zwei Personen anzurichten.

Essen Sie weniger Gebratenes oder streichen Sie es ganz von Ihrer Speisekarte.

Machen Sie einen großen Bogen um Panaden und Fritiertes. Hierin steckt viel Fett.

Achten Sie darauf, wieviel Butter oder Margarine Sie allein als Streichfett verwenden. Dabei könnten Sie ganz darauf verzichten, insbesondere wenn Sie Ihr Brot mit streichfähiger Wurst oder Käse belegen.

Lassen Sie den Toast abkühlen, ehe Sie ihn mit Butter beschmieren. Sonst schmilzt die Butter, zieht ein und bringt Sie in Versuchung noch mehr draufzutun.

Kochen Sie fettarm, in Folie, im Römertopf, im Schnellkochtopf, auf dem Grill und braten Sie in einer beschichteten Pfanne.

Wenn Sie Ihre Salate statt mit Majonäse, die 60 Prozent Fett enthält, mit Joghurt anmachen, sparen Sie viel Fett.

Nehmen Sie doch einmal Milch statt Sahne zur Zubereitung Ihres Salatdressings. Das spart Fett.

Sie können auch Ihre Suppen und Soßen buchstäblich entfetten, wenn Sie nach dem Erkalten das Fett abschöpfen. Oder Sie benutzen, wenn es Sie nicht stört, Löschpapier. Man legt es kurz auf den Flüssigkeitsspiegel, es saugt dann das schwimmende Fett auf.

Kleingeschnittene Zwiebeln können Sie in der Mikrowelle zugedeckt ganz ohne Fett glasig dünsten.

Dünngeschnittene gekochte Kartoffelscheiben werden in einer beschichteten Pfanne ganz ohne Fett knusprig. Sie müssen Sie allerdings sehr langsam braten, hinterher würzen und erst dann einige Tropfen Öl darübergeben.

Verzichten Sie auf Torten, Pralinen, Kartoffelchips, Erdnüsse, Pistazienkerne. In allen steckt sehr viel Fett.

Den Hunger im Zaum halten

Die besten Tipps für Appetitzügler

Abführmittel

Wer glaubt, Abführmittel nach einem üppigen Mahl könnten Kalorien sparen, befindet sich im Irrtum. Sie wirken erst im Dickdarm, wo die Kalorienträger der Nahrung schon längst verdaut und ins Blut gegangen sind, stören aber das Gleichgewicht des Darms.

*

Akupunktur

Sie können sich auch akupunktieren lassen, um Ihren Appetit zu zügeln. Es gibt Akupunkturpunkte am Ohr, die den Anstieg von Sättigungsenzymen bewirken, die unmittelbar auf das Esszentrum im Gehirn einwirken.

*

Brühe

Wenn Sie der Hunger packt, bereiten Sie sich schnell eine Tasse heiße Brühe zu und trinken Sie sie in kleinen Schlucken. So beschäftigen Sie Ihren Magen und nehmen verschwindend wenig Kalorien zu sich.

Sie können ruhig Instantbrühe verwenden. Die ist kalorienarm, gut gewürzt und hat einen pikanten Geschmack.

*

Handarbeit

Nehmen Sie sich eine Handarbeit vor, die Sie gern zu Ende bringen wollen. Das lenkt vom Essen ab.

*

Hobby

Beschäftigen Sie sich mit etwas, das fertig werden soll. So haben Sie eine Art Patentrezept zur Ablenkung vom Essen. Denn nun ist die Arbeit wichtiger als das Hungergefühl.

*

Hypnose

Lassen Sie sich hypnotisieren. Ein Hypnotiseur kann Ihnen suggerieren, was Sie essen möchten und was nicht. So kann er Ihnen beispielsweise die Lust auf Kuchen mit Sahne oder Pralinen nehmen. Allerdings ist ein solcher Versuch nicht gerade billig. Eine Sitzung kann mehrere hundert Mark kosten. Fragen Sie Ihre Krankenkasse nach einer Beteiligung an den Kosten.

*

Pillen

Sehen Sie von pharmazeutischen Appetitzüglern ab. Sie eignen sich höchstens zur Behandlung von echter, krankhafter Fettsucht unter strengster ärztlicher Aufsicht.

Appetitzügler enthalten vielfach Stoffe, die den Hunger unterdrücken und gleichzeitig die Nerven stärker aktivieren. Das führt oft zu Gereiztheit,

Unruhe, Schweißausbrüchen, Persönlichkeitsveränderungen, Schlafstörungen und Erschöpfungszuständen.

Die Wirkungskraft der Appetitzügler lässt rasch nach, so dass Sie bei längerem Gebrauch nach immer höheren Dosen greifen müssen. So besteht eine enorme Suchtgefahr.

*

Quellstoffe

Essen Sie Kleie oder Leinsamen. Mit viel Flüssigkeit quellen sie im Magen und Darm auf und beseitigen so das Hungergefühl. Da diese Stoffe allerdings Minerale sehr fest an sich binden, sollten Sie zum Quellen sehr mineralstoffhaltiges Heil- oder Mineralwasser trinken.

*

Rohkost

Sorgen Sie dafür, dass immer Äpfel, Salatgurken, Mohrrüben, Radieschen und ähnliches im Haus ist. Wenn Sie der Hunger überfällt, beißen Sie herzhaft da hinein und essen Sie davon so viel Sie mögen. Ihr Magen ist beschäftigt und Sie füttern sich obendrein mit Vitaminen und Mineralien.

*

Saures

Wer es verträgt, kann seinen Magen mit Senf- oder Gewürzgurken, mit Cornichons, Pfeffergurken oder mit rohem Sauerkraut füttern. Die verzehrbare Menge ist klein, da zählen die Kalorien nicht.

*

Schlaf

Wenn Sie schlafen, können Sie nicht essen. Aber gehen Sie nicht hungrig zu Bett.

Serotonin

Dieses Hormon sorgt nicht nur für gute Laune, sondern reguliert auch den Appetit. Es kann nicht von außen zugeführt werden, sondern wird im Gehirn gebildet. Um die Bildung größerer Mengen Serotonins zu erreichen, sollten Sie viel Vollkornprodukte oder Kartoffeln essen. Durch diese Lebensmittel steigt der Serotonin-Spiegel im Gehirn an. Die Folge: Ihre Laune bessert sich und der Heißhunger hat keine Chance.

*

Sport

Sport macht müde, so dass Sie häufiger schlafen. Das mindert die Möglichkeit zu essen.

*

Wasser

Es klingt simpel, aber bekämpfen Sie Ihr Hungergefühl mit einem oder auch zwei

Glas Wasser. Es kann auch Mineralwasser sein.

Trinken Sie das Glas Wasser schnell aus und lenken Sie ihren Magen zudem mit einem Spaziergang, einer Besorgung oder ähnlichem ab.

Feste feiern leicht gemacht

Die besten Tipps für Feiertage und Einladungen

Vorbereitung

Schränken Sie Ihre Kalorienzufuhr mindestens zwei Tage vorher ein, wenn eine Einladung bevorsteht, zu der Sie unbedingt gehen und zumindest vom Essen kosten wollen. Wenn Sie dadurch 300 oder 400 Kalorien einsparen, können Sie sich ein paar schöne Spezialitäten leisten.

Verzichten Sie außerdem zur Entlastung Ihres Körpers zwei Tage vor einer Feierlichkeit auf den Genuss von Alkohol.

Wenn Sie eingeladen werden, verlassen Sie Ihre Wohnung nicht, ohne etwas gegessen zu haben. Sogar wenn Sie zum Essen in ein Restaurant gehen, sollten Sie vorher etwas essen. Sonst könnten Sie zu viel von dem essen, was Ihnen angeboten wird. Und das macht in aller Regel dick.

Rufen Sie einmal Ihre „Festtagssünden" in Ihr Gedächtnis und halten sich die Kalorien vor Augen. Überlegen Sie, worauf Sie in Zukunft verzichten können, um Ihre Kalorienzahl zu vermindern.

*

Festtagsgerichte

Backen und kochen Sie nichts, was Sie in Versuchung bringt, davon zu naschen.

Garnieren Sie Appetithäppchen mit Gürkchen, Maiskolben, Mixed Pickles oder Paprika statt mit rotem Lachs.

Überlegen Sie sich ein neues, kalorienarmes Festtagsessen. Nichts mit Sahne, nichts mit braunem Zucker, keine Glasur, keine Torte.

Wählen Sie nicht zu fette Speisen als Festtagsmenü aus. Nehmen Sie beispielsweise Pute oder Wild statt Gans.

Sie können den Braten doch grillen oder in Folie kochen, statt ihn gespickt in viel Fett zu brutzeln.

Pommes frites oder Kroketten können Sie durch Gemüse ersetzen.

Servieren Sie in jedem Fall Rohkostsalat und frische Früchte. Damit entlasten Sie Ihre Gäste.

Die süßen Ananas- und Bananenscheiben können Sie durch Apfelsinen ersetzen.

Statt schwerem Pudding mit viel Sahne sollten Sie leichte Eierschnee-Speise auf den Tisch bringen.

Süßen Sie Süßspeisen statt mit Zucker mit Süßstoff. Das spart jede Menge Kalorien.

*

Portionsgröße

Wählen Sie die Portionen nicht zu groß aus. So nötigen Sie keinen Ihrer Gäste, mehr zu essen als ihm lieb ist.

Bereiten Sie ein kaltes Buffet von kalorienarmen Speisen vor. Auf diese Weise kann sich jeder so viel nehmen, wie er möchte.

Häppchen sollten wirklich auch nur Häppchen sein, die man auf einmal in den Mund schieben kann. Sind sie zu groß, fällt beim Reinbeißen etwas herunter oder landet auf der Garderobe des Gastes.

*

Backen

Wenn sie schon Kuchenteig und Zuckerguss herrichten, kratzen Sie nicht die Schüssel oder Pfanne aus. Die Reste sind für Sie tabu.

Um die Reste aus der Schüssel herauszubringen, sollten Sie einen Teigkratzer verwenden.

Bereiten Sie Kuchen und Gebäck mit Süßstoffen zu. So verringern Sie einige Probleme mit den Naschereien während der Feiertage. Auch ohne Zucker gibt es süße Freuden.

Backen mit Süßstoff ist völlig unkompliziert. Ersetzen sie die im Rezept angegebene Zuckermenge durch die entsprechende Menge an flüssigem Süßstoff. Ein Teelöffel voll flüssigem Süßstoff entspricht etwa der Süßkraft von 70 Gramm Zucker, erspart Ihnen also rund 400 Kalorien.

Ein mit flüssigem Süßstoff gesüßter Teig ist etwas zäher, lässt sich aber gut verarbeiten. Er wird, weil Zucker fehlt, etwas heller sein. Sie können ihn deshalb vor dem Backen mit Eigelb oder Milch bestreichen.

Während Feierlichkeiten

Drängen Sie als Gastgeber niemanden, mehr zu essen, als er möchte. Mangelzeiten sind hierzulande vorüber. Jeder wird jederzeit satt und braucht dafür keine Einladungen.

Wenn die Gastgeberin darauf besteht, dass Sie unbedingt ihr herrliches, selbstgemachtes, kaloriengeladenes „Was-auch-immer" kosten sollen, lehnen Sie dankend ab. Wenn Sie weiter drängt, entschuldigen Sie sich damit, dass Sie allergisch gegen dies oder das sind.

Stellen Sie die Geselligkeit, nicht das Essen in den Vordergrund einer Party oder eines Abendessens.

Lassen Sie sich statt eines harten oder süßen Drinks ein wenig Weißwein mit salzfreiem Soda oder Mineralwasser mixen.

Lenken Sie sich ab, um nicht zu viel von den herrlichen kalten Platten zu probieren. Spielen Sie beispielsweise mit den Kindern oder unterhalten Sie sich mit den übrigen Gästen.

Wenn Ihre Familie Sie zum Essen ausführen will, bestellen Sie kalorienarme Speisen: beispielsweise ein Filet Mignon, eine gebackene Kartoffel ohne Remoulade oder Butter, grünen Salat und eine frische Melone zum Nachtisch. Trinken Sie dazu ein Gläschen Wein. So essen Sie ein vorzügliches Mahl unter 500 Kalorien.

Weniger ist mehr

Die besten Tipps für gesunde Essgewohnheiten

Essgewohnheiten feststellen

Werden Sie sich über Ihre Essgewohnheiten klar. Man muss sie und ihre Fehler kennen, ehe man gegen seine Pfunde erfolgreich angehen kann. Erst wenn Sie wissen, wo ihre ungesunden Essgewohnheiten liegen, können Sie sie abstellen.

Überlegen Sie sich Alternativen für eine gesunde Ernährung. Vielleicht essen Sie statt Knabbereien am Abend lieber einen Apfel.

Schreiben Sie sich die Essgewohnheiten auf einen Zettel, die viele zusätzliche Kalorien ausmachen – etwa Süßigkeiten nach dem Abendessen. Ordnen Sie diese Gewohnheiten nach Rangfolge: Auf welche Sie am leichtesten verzichten können, sollten Sie an den Anfang stellen. Und nun verzichten Sie pro Woche auf eine Gewohnheit. Sie werden erleben, wie Sie abnehmen, wie die durchgestrichenen

Gewohnheiten auf Ihrem Zettel wachsen und die Kalorien schwinden.

Informieren Sie sich gründlich über die Nahrungsmittel und Ihre Zusammensetzungen. Dann wissen Sie, was Sie essen und was Sie dick macht.

*

Sättigungsgefühl

Das natürliche Gefühl für Hunger und Sättigung ist bei vielen Menschen verloren gegangen. Achten Sie wieder auf Ihr natürliches Hunger- und Sättigungsgefühl. Lassen Sie sich nicht von äußeren Reizen in Sachen Hunger und Sattsein steuern, sondern von Ihrem inneren Gefühl.

Essen Sie nur so viel, bis Sie ein Sättigungsgefühl verspüren. Danach sollten Sie aufhören zu essen und den Rest auf Ihrem Teller liegen lassen.

Kauen Sie alles gründlich mindestens zehnmal und achten Sie dabei auf den Geschmack der Speisen. Wenn Sie Ihr Essen hinunterschlingen, verpassen Sie nicht nur den Zeitpunkt Ihres ersten Sättigungsgefühls, sondern bringen sich auch um den Genuss beim Essen.

*

Langsam essen

Beobachten Sie, wie lange Ihre Mahlzeiten dauern. Wer schnell isst und trinkt, nimmt größere Mengen Nahrung zu sich. Das erste Sättigungsgefühl tritt nach ungefähr 15 bis 20 Minuten ein.

Essen sie immer nur an einem bestimmten Essplatz. Setzen Sie sich stets zum Essen hin – auch wenn Sie nur wenig essen möchten. So lernen Sie bewusst und langsam zu essen.

Benutzen Sie zum Essen einen Teelöffel oder eine Kuchengabel. Dadurch zwingen Sie sich, langsamer zu essen.

Machen Sie während des Essen gezielt Pausen, indem Sie beispielsweise hin und wieder Ihr Besteck aus den Händen legen. So essen Sie automatisch langsamer.

Essen Sie bewusst. Wenn Sie gleichzeitig lesen oder fernsehen, sind Sie zu sehr abgelenkt.

*

Frühstück

Machen Sie Ihr Frühstück zu einer Hauptmahlzeit. Ihr Körper verbraucht während der Nachtruhe Energie und benötigt zu Beginn des Tages neue Energie, um seine Aufgaben erfüllen zu können.

Die Frühstückskalorien sollten ein Viertel des erlaubten Tagesbedarfs ausmachen.

Schade, dass meistens das Frühstück eine ganz lieblose, hastige Angelegenheit ist. Wenn Sie Ihre Tasse Kaffee schnell hinunterkippen und das Brötchen mit Butter und Marmelade verschlingen, werden Sie schnell wieder hungrig, denn ein kohlehydratreiches Frühstück wird schnell wieder abgebaut.

Nehmen Sie sich mindestens 15 bis 20 Minuten Zeit zum Frühstücken und decken Sie Ihren Frühstückstisch liebevoll mit einer reichen Auswahl an Speisen.

Bringen Sie ballaststoffreiche Lebensmittel auf den Frühstückstisch. Ideal sind Vollkornbrot und Vollkornmüsli. Sie sättigen lange und liefern viel Energie.

Auch magere Milchprodukte, wie Joghurt, Buttermilch oder Quark, sowie frisches Obst können Sie frühstücken, um die nötige Energie für den Tag zu erhalten und schlank zu bleiben.

Bereichern Sie Ihr Frühstück doch einmal mit einem Stückchen Gurke, einem Ei, einer Tomate oder mit Gemüsesaft. Damit tanken Sie Vitamine, Mineralstoffe und Spurenelemente.

*

Abendessen

Vermeiden Sie es, abends größere Mengen Nahrung zu sich zu nehmen. Jetzt benötigt Ihr Körper nicht mehr so viel Energie und speichert die zugeführte Energie als Fettzellen.

Statt üppigem Abendessen sollten Sie leicht verdauliche und kalorienarme Speisen wie etwa Salat oder Obst vorziehen.

Schwer verdauliche, blähende und ballastreiche Speisen haben auf dem Abendbrottisch nichts zu suchen.

Fachleute empfehlen für das Abendessen mindestens 140 und höchstens 375 Kalorien.

Wenn Sie abends sehr kalorienarme Hauptgerichte essen, dann sollten Sie sich leckere Beilagen wie zum Beispiel Salate dazu gönnen.

Wählen Sie zum Abendessen „schlanke" Getränke: Mineralwasser oder Tee.

*

Zwischenmahlzeiten

Essen Sie lieber fünf bis sechs kleine Mahlzeiten über den Tag verteilt als drei größere. So führen Sie Ihrem Körper regelmäßig neue Energien zu, muntern sich auf und werden schlank.

Wenn die Speisen ständig mühelos verbrannt werden, hat der Körper keine Chance, das berüchtigte Reservefett in den Depots anzuhäufen.

Nehmen Sie eine winzige Zwischenmahlzeit, zum Beispiel einen Apfel oder ein Glas Milch, wenn Sie Ihr Hungergefühl zu besiegen droht.

Planen Sie Ihre Zwischenmahlzeiten fest in Ihren Tagesablauf ein.

*

Eheliches Essen

Es gibt sicher kaum ein Ehepaar, das genau die gleichen Geschmäcker und Vorlieben fürs Essen hat. Oft genug essen beide das gleiche, doch der Mann bleibt schlank, die Frau nimmt zu oder umgekehrt. Meistens hat dann der Partner, der dicker geworden ist, die Gewohnheiten des anderen angenommen, obwohl sie für ihn gar nicht gesund sind. Achten Sie einmal darauf, ob Sie auch wirklich das essen, was Ihnen gut tut.

Viel ist oftmals schon geholfen, wenn die Speisen und Beilagen in verschiedenen Schüsseln auf den Tisch kommen und nicht aufgehäuft auf den Teller. Dann kann sich jeder selbst nehmen, was ihm behagt. Und Tellerreste gibt es auch nicht.

Machen Sie nie eine Abmagerungskur Auge in Auge (und am selben Tisch) mit Ihrem Partner. Das kann nicht gut gehen. Ziehen Sie sich für ein solches Vorhaben lieber in die Einsamkeit zurück.

Nicht auf dem Trockenen sitzen bleiben

Die besten Tipps für gesundes Trinken und Getränke

Flüssigkeitsbedarf

Ohne Wasser ist kein Leben möglich; Wasser dient als Lösungsmittel im Körper. Alle chemischen Reaktionen im Körper laufen in wässrigen Lösungen ab. Wasser ist der wichtigste anorganische Bestandteil der Nahrung. Unser Körper besteht zu fast 70 Prozent aus Wasser.

Ein Mensch kann unter Umständen bis zu 60 Tage ohne feste Nahrung auskommen, aber lediglich vier Tage ohne Wasser.

Auch ohne größere körperliche Anstrengung verliert jeder Mensch pro Tag etwa zwei bis drei Liter Wasser durch Urin und Stuhlgang, Schweiß und Atemluft. Da nur ein Teil des Flüssigkeitsverlustes durch feste Nahrung ersetzt wird, sollten Sie mindestens 1,5 Liter reine Flüssigkeit pro Tag zu sich nehmen, um Ihren Flüssigkeitshaushalt wieder auszugleichen.

Bei körperlicher Anstrengung schwitzt man natürlich mehr, so dass Sie die Flüssigkeitszufuhr entsprechend erhöhen müssen.

Auch bei Fieber oder Durchfall braucht der Körper mehr Flüssigkeit als gewöhnlich.

Trinken Sie Wasser. Das löscht am besten den Durst.

Achten Sie darauf, mit der Flüssigkeit nicht zusätzlich auch größere Mengen von Zucker zu trinken. Das schadet nicht nur den Zähnen, sondern macht eben auch dick.

Frauen benötigen in der Regel mehr Flüssigkeit als Männer. Denn sie neigen zu Blasenentzündungen, und deshalb sollte ihr Harnsystem stets gut durchspült werden.

Nach einer Feier, auf der Sie viel Alkohol getrunken haben, sollten Sie besonders viel trinken. Ihr Körper benötigt einen Viertelliter Flüssigkeit, um 0,2 Liter Alkohol abzubauen.

*

Zu wenig Flüssigkeit

Zwar stellt sich bei einer unausgeglichenen Wasserbilanz ein Durstgefühl ein – Lippen, Mund und Rachen werden trocken –, doch nimmt mit zunehmendem Alter dieser natürliche Schutzmechanismus des Körpers ab. Es kann vorkommen, dass ältere Menschen überhaupt kein Durstgefühl mehr haben. Warten Sie deshalb nicht erst darauf, dass Sie Durst bekommen, sondern trinken Sie regelmäßig.

Trinken Sie lieber mehr als weniger. Sonst laufen Sie Gefahr, die Entgiftungsarbeit der Nieren, die täglich einen Liter Urin ausscheiden sollen, zu beeinträchtigen.

Sorgen sie auch im Hinblick auf Ihre Verdauung für einen ausgeglichenen Flüssigkeitshaushalt: Steht nicht genügend Wasser zur Verfügung, können die Ballaststoffe im Darm nicht aufquellen. Mögliche Folge kann Verstopfung sein.

Um eine glatte Haut zu behalten, sollten Sie ebenfalls hinreichend trinken.

*

Flüssigkeitsmangel vorbeugen

Denken sie daran, Mineralwasser stets in ausreichender Menge im Haus zu haben. So laufen Sie niemals Gefahr, auf dem Trockenen zu sitzen.

Oder kochen Sie gleich morgens früh eine große Kanne Tee.

Kontrollieren Sie beispielsweise mit einer Strichliste Ihre Aufnahme von Flüssigkeit.

Stellen Sie sichtbar eine Flasche Wasser oder eine Karaffe voll Tee auf den Tisch, die Sie bis zum Abend geleert haben sollten. So werden Sie ständig ans Trinken erinnert.

Trinken Sie stets vor dem Essen ein Glas Flüssigkeit, am besten Wasser oder Tee. Das spart Kalorien.

Legen Sie bestimmte Zeiten fest, an denen Sie etwas trinken. So vergessen Sie nicht so leicht, genügend Flüssigkeit aufzunehmen.

Geben Sie dem Glas Wasser ab und zu ruhig mit einer Scheibe Zitrone etwas Geschmack. Dann wird das Trinken zu einem besonderen Genuss und Sie werden deshalb eher daran denken.

Bringen Sie ein wenig Abwechslung in Ihre Getränkeliste. Wechseln Sie zwischen Wasser, Tee und Fruchtsäften. So ist

Trinken einfach am gesündesten und macht am meisten Spaß.

*

Buttermilch

Mit Buttermilch können Sie sich auf gesunde Weise schlank trinken. 100 Gramm enthalten nur rund 35 Kalorien, vier Gramm Kohlehydrate, 3,5 Gramm hochwertiges Eiweiß und nur Spuren von Fett. Einziger Nachteil: Sie können Sie nicht immer und überall kaufen.

*

Cola- und Limonadengetränke

Trinken Sie von diesen alkoholfreien, kohlensäurehaltigen Getränken am besten gar nichts, oder wenn dann nur in Maßen. Sie bestehen nämlich in erster Linie aus Wasser und Zucker und machen deshalb leicht dick.

Außerdem stillen Sie aufgrund ihrer Süße nur bedingt den Durst, verführen jedoch zum Weitertrinken.

Limonaden dürfen keine künstlichen Zusätze enthalten. Cola etwa verdankt seine Braunfärbung nicht einem künstlichen Farbstoff, sondern gewöhnlichem Zuckerkaramell.

Cola enthält nicht nur Koffein aus den Nüssen des Cola-Strauchs, sondern vor allen Dingen riesige Mengen Zuckers – auf einen Liter kommen 100 Gramm. Also lassen Sie möglichst die Finger von dieser Kalorienbombe.

*

Fruchtsäfte

Ungezuckert können Sie sie bedenkenlos auch in größeren Mengen trinken. Doch Achtung: Sie sollten wirklich keinen Zuckerzusatz haben.

Bei Fruchtsäften ist der Zusatz von 100 Gramm Zucker pro Liter erlaubt, was allerdings kenntlich gemacht werden muß. Bei Limetten-, Zitronen- und Johannisbeersaft darf sogar bis zu 200 Gramm Zucker zugesetzt werden. Lesen Sie deshalb das Etikett und wählen Sie die Säfte mit dem Zusatz ungezuckert.

Nehmen Sie von Fruchtnektaren Abstand. Sie enthalten meist weniger als 50 Prozent Fruchtanteil, dafür aber bis zu 80 Gramm Zucker pro Liter.

Fruchtsaftgetränke sollten Sie ganz meiden. Sie enthalten den geringsten Anteil an Frucht: Bei Kernobst kann er bis zu 30 Prozent betragen, bei Zitrusfrüchten liegt er weit darunter.

Als Durstlöscher sind Mulitvitaminsäfte ungeeignet. Sie werden zwar aus dem Saft von exotischen Früchten gemischt und mit

Vitaminen angereichert, haben aber zu viele Kalorien.

*

Gemüsesäfte

Gemüsesäfte aller Art entbehren ebenfalls vieler Kalorien. Deshalb eignen sie sich bestens zum Auffüllen des Wasserhaushalts und als Getränk beim Abnehmen.

Um nach starkem Schwitzen Ihren Verlust an Wasser und Mineralstoffen wieder auszugleichen, können Sie gut leicht gesalzene Gemüsesäfte trinken.

Reine Gemüsesäfte haben nur halb so viele Kalorien wie Obstsäfte, aber mehr Spurenelemente.

Probieren Sie einmal Tomatensaft. 0,2 Liter haben weniger als 50 Kalorien.

Für die Ernährung sind Gemüsesäfte rundherum positiv zu bewerten, da durch sie dem Körper die wertvollen Bestandteile des Gemüses zugeführt werden, ohne dass diese durch Kochen Schaden nehmen. Also: Greifen Sie öfters zu Gemüsesäften.

Sie können Gemüsesäfte auch selbst pressen. Achten Sie dann darauf, den Saft sofort nach dem Pressen zu trinken. Schon eine halbe Stunde nach dem Pressen kann der Saft bereits nur noch die Hälfte „wert" sein

*

Kakao

In Kakao findet sich koffeinähnliches Theobromin. Deshalb wirkt er anregend. Er zählt zu den gesünderen Getränken, weil er daneben auch noch eine Vielzahl Mineralstoffe enthält.

Beim Kakaopulver schwankt der Kaloriengehalt: 100 Gramm schwaches Pulver haben rund 320 Kalorien, 100 Gramm entöltes etwa 450 Kalorien.

*

Milch

Trinken Sie Milch. Sie ist eines unserer wertvollsten und kalorienärmsten Nahrungsmittel.

Suchen Sie die Sorte Milch aus, die Ihnen am besten schmeckt. Ob Vollmilch oder Magermilch, ob teilentrahmte oder entrahmte Milch – alle verfügen über wichtige Nährstoffe.

Magermilch zum Beispiel ist eine richtige kleine Eiweißquelle. Ein Glas davon ist eine ideale, kalorienarme Zwischenmahlzeit.

Sie finden in Milch Vitamine und vor allem wichtige Mineralstoffe wie Phosphor und Magnesium. An Calcium ist sie so reich wie kein anderes Nahrungsmittel. Ein knapper Achtelliter bietet rund vier Gramm Eiweiß, höchstens vier Gramm Fett, etwa fünf Gramm Kohlehydrate und maximal 70 Kalorien.

*

Destilliertes Wasser

Entgegen weit verbreiteter Meinung, ist destilliertes Wasser keineswegs gesund. Im Gegenteil: Da es keine Elektrolyte, wie beispielsweise Kalium oder Natrium, enthält, die erst bestimmte physiologische Prozesse im Körper möglich machen, kann es zu einer Verdünnung der im Körperwasser gelösten Mineralstoffe führen. Dies wiederum kann Kopfschmerzen, Muskelkrämpfe oder Herzrhythmusstörungen verursachen. Also: Trinken Sie lieber Mineralwasser, um Ihren Durst zu löschen.

Leitungswasser

Die Qualität von Leitungswasser ist meistens sehr gut, da die Kontrollen diesbezüglich sehr streng sind. Es enthält einige Mineralsstoffe wie zum Beispiel Calcium. Aus diesem Grund können Sie ruhigen Gewissens auch mit Leitungswasser ihren Durst löschen. Oftmals schmeckt es zudem noch ausgesprochen gut.

*

Mineralwasser

Natürliches Mineralwasser muß unterirdisch gelegenen, vor Verunreinigungen geschützten Quellen entspringen und darf lediglich mit Kohlendioxid versetzt werden. Es eignet sich hervorragend zum Abnehmen, da es keine Kalorie enthält.

Über dieses Wasser führen Sie sich zahlreiche wichtige Mineralstoffe wie Kalium, Natrium und Calcium sowie Spurenelemente zu.

Lesen Sie das Etikett auf den Mineralwasserflaschen. Hier werden die Inhaltsstoffe des Wassers präzise aufgelistet. Um beispielsweise eine zusätzliche Zufuhr von Kochsalz zu vermeiden, bevorzugen Sie besser Wasser mit geringen Werten bei Natrium und Chlorid.

Wenn Sie zu hohen Blutdruck haben, sollten Sie natriumarmes Mineralwasser trinken.

*

Quellwasser

Wie alle Wässer weist auch dieses keine Kalorien auf; es stammt aus natürlichen oder künstlich erschlossenen Quellen. Doch sollten Sie bedenken, daß es keine Mineralstoffe oder Spurenelemente besitzen muß.

*

Stilles Wasser

Auch diese Form von Mineralwasser können Gesundheitsbewusste bedenkenlos trinken, ohne dick zu werden. Es enthält, wie normales Mineralwasser, lebensnotwendige Mineralien und Spurenelemente, hat aber nur halb so viel Kohlensäure.

*

Tafelwasser

Tafelwasser ist ein Gemisch aus Trink-, Quell- oder Mineralwasser, womöglich mit einem Zusatz von Mineralstoffen und Kohlensäure. Demzufolge können Gesundheits- und Kalorienbewusste damit bedenkenlos ihren Durst löschen.

Ein Tröpfchen in Ehren ...

Die besten Tipps für den Umgang mit Alkohol

Leerer Kalorienträger

Grundsätzlich gilt: Am besten lassen Sie ganz die Finger von Alkohol; doch wenn Sie ihn trinken, dann genießen Sie ihn in Maßen.

Bedenken Sie: Alkohol ist ein besonders hochwertiger Energielieferant, der nicht gespeichert werden kann und deshalb als erstes vom Körper abgebaut wird. Reiner Alkohol hat pro Gramm rund sieben Kalorien. In dieser Leistung wird er nur von Fett mit fast zehn Kalorien pro Gramm übertroffen. Eiweiß und Kohlehydrate haben im Vergleich nur vier Kalorien.

Alkohol enhält nach Fett die meisten Kalorien und ist infolgedessen ein Feind der schlanken Linie. Seine Energien kann der Körper am leichtesten verbrennen und das verhindert den Abbau anderer Kalorien, die dann in die Depots wandern. Resultat: Fettpolster. Beim Abnehmen oder beim Bewahren der schlanken Linie sollten Sie also auf Alkohol generell verzichten.

Wenig Nährstoffe

Der Nährwert von Alkoholika ist generell fraglich. Einige alkoholische Getränke wie beispielsweise Bier haben aber geringfügig gesunde Stoffe, wie B-Vitamine oder Mineralstoffe.

Begehen Sie nicht den Fehler und ersetzen Sie eine Mahlzeit durch zwei oder drei Drinks. Da sie nährstoffarm sind, laufen Sie auf Dauer Gefahr, Mangelerscheinungen zu bekommen.

*

Nicht zum Essen

Wer schlank werden (und schlank bleiben) will, der sollte zumindest während seiner Kur und wenigstens zum Essen nur kalorienfreie Getränke wie Mineralwasser, Früchtetee oder schwarzen Kaffee ohne Milch und Zucker zu sich nehmen.

Meiden Sie Alkohol auch nach dem Essen. Denn er regt den Appetit an, gleich ob Sie nun satt sind oder nicht.

*

Gesundheitsschäden

Genießen Sie Alkohol nur hin und wieder: Regelmäßig getrunken, macht er nicht nur süchtig, sondern schädigt das zentrale Nervensystem, den Magen-Darm-Trakt, die Nieren und die Keimdrüsen.

Wer viel und regelmäßig Alkohol zu sich nimmt, begünstigt die Gefahr, eine Fettleber zu bekommen. Denn solange der Abbau des Alkohols in der Leber andauert, werden die übrigen Fette in der Leber gelagert. Erst danach geht die Leber daran, diese eingelagerten Fette abzubauen. Ist sie dazu nicht in der Lage, entsteht eine Fettleber.

Trinken Sie nicht jeden Tag Alkohol. Ständiger Alkoholkonsum ist für die Hälfte aller Bauchspeicheldrüsenentzündungen verantwortlich und steigert das Krebsrisiko an diesem wichtigen Organ.

Bei regelmäßigem Alkoholkonsum riskieren Sie eine Mangelernährung und eine Schwächung Ihres Immunsystems. Denn er führt zu Störungen im Stoffwechsel fast aller Vitamine und wichtiger Mineralstoffe wie Calcium, Kalium, Magnesium, Zink und Selen.

Wenn Sie Probleme mit erhöhtem Blutdruck haben, sollten Sie auf übermäßigen Alkoholkonsum verzichten, da dadurch Ihr Blutdruck noch weiter in die Höhe steigt.

Halten Sie sich vor allem bei harten Drinks zurück. Übermäßig getrunken, begünstigen sie das Entstehen bösartiger Tumore in der Speisehöhle und im Rachenraum.

Schwangere sollten auf regelmäßigen Konsum von Alkohol, gleich in wie kleinen Mengen, verzichten. Denn Alkohol behindert die geistige und körperliche Entwicklung des Embryos vor allem im zweiten und dritten Schwangerschaftsmonat.

Legen Sie regelmäßig eine alkoholfreie Woche oder einen „trockenen" Monat ein. Das ist nicht nur gut für Ihre schlanke Linie.

*

Gesundes Bier?

Wenn Alkohol schon sein muss, dann trinken Sie ein kleines Bier, weil es wenigstens ein paar Vitamine, Calcium, Phosphor und Eiweiß enthält.

Bier soll auch einige gesundheitsfördernde Eigenschaften haben: Der in Bier enthaltene Hopfen wirkt sich günstig auf den Stoffwechsel und die Nierentätigkeit aus, aber nichtsdestoweniger lässt zu viel von diesem Getränk Fettpölsterchen entstehen.

Wenn Sie täglich einen Liter Bier trinken, können Sie nicht nur dick werden, sondern erhöhen die Gefahr, an Dickdarmkrebs zu erkranken, um das Dreifache.

Entgegen landläufiger Meinung sollten Sie wissen: Bier ist kein Durstlöscher. Da nämlich Alkohol entwässernd wirkt, scheiden Sie, wenn Sie Bier trinken, mehr Flüssigkeit als gewöhnlich aus und so wächst Ihr Durst stetig.

*

Kalorienreiches Bier

Der Alkohol- und Kaloriengehalt ist bei den verschiedenen Biersorten verschieden. Ein kleines normales Bier (0,2 Liter) kommt bereits auf fast 100 Kalorien. Doppelbockbier hingegen weist rund 120 Kalorien auf.

Malzbier hat etwa fünf Prozent mehr Kalorien als normales Bier.

Rein statistisch würde ein Mensch, der täglich eine Flasche Bier über seinen Kalorienverbrauch hinaus konsumiert, innerhalb von zehn Jahren 110 Kilogramm zunehmen.

Erst wenn Sie 14 Minuten laufen, 19 Minuten tanzen, 22 Minuten Tennis spielen oder 50 Minuten spazieren gehen, haben Sie den Energieüberschuss von einem Achtelliter Bier abgebaut.

Als gute, kalorienärmere Alternative sollten Sie öfters alkoholreduzierte oder alkoholfreie Biere kosten.

*

Rotwein

Von leichtem Rotwein ist beim Abnehmen abzuraten. Ein Viertelliter beinhaltet zwar Vitamine und Mineralstoffe, aber immerhin fast 200 Kalorien.

Wenn Sie zusätzlich trinken, müssen Sie die zusätzlichen Kalorien abarbeiten: Für eine Flasche Rotwein zwei Stunden Tennis spielen oder zwei Stunden Schnee schaufeln.

*

Süßer Wein

Vor allem Süßweinen sollten Sie während des Abnehmens aus dem Weg gehen. Sie enthalten zu viel Alkohol, also zu viel

Kalorien: Ein Viertelliter süßer Wein hat mehr als 200 Kalorien.

Trinken Sie süßen Wein so oder so immer mit Wasser vermischt, dann ist er nicht so schwer und das Glas Wein an sich nicht so kalorienreich.

Wenn Sie mögen, können Sie auch Diabetiker-Wein probieren. Er enthält weit weniger Zucker als manch anderer Wein und ist deshalb kalorienärmer.

*

Trockener Wein

Trockene Weine sind kalorienärmer als andere, da sie nur noch wenige Gramm vergärbaren Restzucker pro Liter enthalten dürfen.

*

Weißwein

Bevorzugen Sie Weißwein, da er Ihrem Kalorienhaushalt nicht ganz so weh tut: Ein Viertelliter enthält neben Vitaminspuren rund 140 Kalorien.

Ein leichter, durchgegorener Weißwein kann eventuell eine Diät unterstützen und Ihre Gesundheit fördern. Denn er macht Ihnen das Abnehmen leichter und etwas vergnüglicher. Probieren Sie aus, ob er Ihnen gut tut.

Wenn Sie sich eiweißreich ernähren, trinken Sie ruhig ein Gläschen Weißwein. Es hat 40 bis 60 Kalorien und hilft Ihnen bei der Eiweißverdauung.

Weißweine wirken gefäßerweiternd und kreislaufstützend.

Achten Sie beim Kauf darauf, dass der Wein möglichst wenig geschwefelt ist. Denn durch Schwefel, der sich, wenn Sie den

Wein trinken, durch einen leicht stechenden Geruch bemerkbar macht, entsteht oftmals ein „dicker Kopf".

*

Liköre

Verzichten Sie auf jede Art von Likör. Deren Kalorienzahl ist gewaltig, da sie eine beträchtliche Menge Zucker mit sich tragen. 0,2 Liter Fruchtsaftliköre haben mehr als 60, Eierlikör rund 54 und Bitterliköre immerhin noch rund 48 Kalorien.

*

Mixgetränke

Die meisten Mixgetränke haben sehr viele Kalorien, da sie in der Regel mit hochprozentigen alkoholischen Getränken gemixt werden. Probieren Sie doch einmal Longdrinks mit Mineralwasser.

Mischen Sie pro Glas zwei Esslöffel Grenadinesirup, sechs Esslöffel Ananassaft, vier Esslöffel Grapefruit- und zwei Esslöffel Zitronensaft. Füllen Sie das Ganze mit Mineralwasser auf und schon haben Sie einen leckeren, kalorienarmen Drink ohne Alkohol.

Gießen Sie in je ein Glas einen halben Esslöffel Apfelsaft, sechs Esslöffel Grenadinesirup und dazu zwei Esslöffel Zitronensaft. Geben Sie Eiswürfel dazu und füllen die Gläser mit Mineralwasser auf.

Auch Gemüse-Drinks ohne Alkohol schmecken sehr gut. Versuchen Sie doch einmal einen Gurkentrunk: Schälen Sie für zwei bis drei Gläser eine Salatgurke, schneiden diese entkernt in Stücke und pürieren sie samt vier bis fünf Pfefferminzeblättern, Pfeffer und Salz. Dann mixen Sie einen halben Liter gut gekühlte Dickmilch darunter.

Kochen mit Alkohol

Wein- und Likör-Zutaten bei Rezepten dürfen Sie sich ruhigen Gewissens genehmigen. Deren Kalorien verdampfen bei Temperaturen um 60 bis 70 Grad zum größten Teil und zurück bleiben lediglich ihre Aromastoffe, also ihr Geschmack.

Wenn Sie auf Alkohol verzichten möchten, können Sie ihn meist sehr leicht ersetzen. Bei Süßspeisen etwa kann man statt Wein oder Sherry Obstsäfte als gesunde Alternative verwenden.

Um herzhafte Gerichte zu verfeinern, die eigentlich mit Wein abgeschmeckt werden sollen, können Sie statt Wein etwas Zitronensaft oder Essig zum Würzen nehmen.

Wenn Sie auf Wein zum Garen von bestimmten Gerichten verzichten möchten, können Sie ihn einfach durch Brühe und Kräuter ersetzen.

Schwarze Muntermacher

Die besten Tipps für gesundes Kaffee- und Teetrinken

Kaffee

Kaffee hat keinen Nährwert, aber reichlich Koffein. Sie sollten deshalb täglich nicht mehr als eine Tasse Kaffee trinken. Das entspricht 125 Milligramm Koffein.

Mehr als eine Tasse Kaffee können Sie ohne Sorge um Ihre Gesundheit zu sich nehmen, wenn Sie zu koffeinfreiem Kaffee wechseln, der in einem Verfahren mit Wasser statt mit chemischen Mitteln entkoffeiniert ist.

Besonders Magenempfindliche sollten zu Schonkaffee greifen, dessen Behandlung möglichst viele Magen-Reizstoffe entfernt hat.

*

Kalorienarmer Kaffee

Kaffee hat keine Kalorien und löscht sehr gut den Durst. Wer immer nur schwarzen Kaffee trinkt, kann davon nicht zunehmen.

Verzichten Sie am besten auf Milch und Zuckerzusätze oder süßen Sie mit Süßstoff. Das spart viele Kalorien.

Wenn Sie jedoch absolut keinen schwarzen Kaffee mögen, dann brühen Sie ihn stärker auf und trinken Sie ihn halb und halb mit warmer Milch. Das macht auch nicht dick.

*

Günstige Wirkung von Kaffee

Kaffee in Maßen, das heißt eine Menge von bis zu drei Tassen, kann zwar aus einem Narren keinen Weisen machen, doch hilft es unter Umständen, die intellektuellen Fähigkeiten besser zu nutzen. Es verbessert nämlich merklich die Reaktions- und Kombinationsfähigkeit sowie das assosiative Denken und die Kreativität.

Wenn Sie zu den Menschen mit einem niedrigem Blutdruck gehören, können Sie ruhig etwas mehr koffeinierten Kaffee trinken.

Denn das Koffein bewirkt eine Blutgefäßerweiterung, durch die alle Organe besser durchblutet werden. Nur die Gefäße des Gehirns ziehen sich vorübergehend zusammen und das führt kurzzeitig zu erhöhtem Blutdruck.

*

Gefahren des Kaffeetrinkens

Das Koffein im Kaffee stört die Aufnahme von Vitamin B, beschleunigt den Fettumsatz und kann zu Atembeschwerden, Kopfschmerzen und Schlafstörungen führen.

Für Übergewichtige ist Kaffee nicht ganz harmlos, weil er den Appetit, besonders auf Süßes, anregt. Denn Kaffee jagt den Blutzuckerspiegel hoch. Wenn der wieder jäh abfällt, stellt sich der Appetit ein.

Kaffeetrinker brauchen mehr Vitamin B als andere Menschen. Wenn Sie diesen Mangel nicht ausgleichen, wird sich Nervosität in allen Abstufungen einstellen.

Da Kaffee die Neigung zu Frühgeburten erhöhen soll, sollten Schwangere besser ganz aufs Kaffeetrinken verzichten.

*

Kalorienarmer Tee

Tee aller Art ist kalorienarm und eignet sich hervorragend als Durstlöscher zum Abnehmen – natürlich ohne Zusätze.

Tee enthält reichlich Fluorid, das Karies vorbeugt, zudem Kalium und einige Vitamine. Drei bis fünf Tassen reichen, um den täglichen Bedarf an Fluorid zu decken.

Verzichten Sie darauf, Ihren Tee zu süßen, beziehungsweise verwenden Sie Süßstoff oder ganz wenig Honig. So sparen Sie eine Menge Kalorien.

Den Zucker im Tee können Sie durch Zitronen- oder Orangensaft ersetzen. So schlucken Sie auch gleich Vitamin C.

Eine Tasse Tee enthält bis zu 60 Milligramm Koffein, das an die Gerbstoffe im Tee gebunden ist und deshalb langsamer wirkt als das Koffein im Kaffee. Aus diesem Grund zeigt Tee auch langsamer, aber anhaltender stimulierende Wirkung.

*

Zubereitung von Tee

Um eine anregende Wirkung zu erzielen, sollten Sie Tee nur ein bis zwei Minuten ziehen lassen. Dann ist der Großteil des Koffeins gelöst, aber nur ein kleiner Teil der Gerbstoffe.

Wünschen Sie jedoch eine beruhigende Wirkung, sollten Sie Ihren Tee lange ziehen lassen, damit sich viele Gerbstoffe lösen können.

Wenn Sie Magen- und Darmerkrankungen haben, sollten Sie Tee trinken, der lange gezogen ist. Seine Gerbstoffe wirken beruhigend und zudem stopfend.

Haben Sie allzu hartes Leitungswasser, lässt der Geschmack von Tee zu wünschen übrig. Nehmen Sie dann lieber kohlensäurefreies Mineralwasser zum Aufbrühen oder lassen Sie das Leitungswasser etwas länger kochen.

*

Grüner Tee

Diese Teesorte sollten Sie nicht länger als drei Minuten ziehen lassen, da er noch sehr viele Bitterstoffe enthält und sich diese bei längerem Ziehen lösen.

Kräutertees

Kräutertees sind nicht nur kalorienarm und eignen sich wie alle Tees besonders als gesunde Durstlöscher, sondern werden schon von alters her wegen ihrer gesundheitsfördernden Wirkung auf den menschlichen Organismus als Heilmittel genutzt. Jedem Tee kommen dabei andere Heilkräfte zu, die zu kennen von Vorteil sein kann, um über das Durststillen hinaus etwas für die Gesundheit zu tun:

❋

Anistee

Anistee ist überaus wirksam gegen Blähungen, Krampfadern, Magenbeschwerden, Verdauungsstörungen, Verstopfung und Durchblutungsstörungen. Außerdem lässt er sich gut gegen Übergewicht einsetzen.

❋

Augentrosttee

Augentrosttee lindert Augenbeschwerden, Verdauungsstörungen und Blutarmut.

*

Baldrianwurzeltee

Baldrianwurzeltee ist ein ideales Beruhigungsmittel und wirkt wunderbar gegen Schlafstörungen sowie Herzbeschwerden.

*

Basilikumtee

Dieser Tee ist ein gutes Mittel gegen Anämie, Arthritis, Blähungen, Niederblutdruck, Magenbeschwerden, Verstopfung und Krampfadern. Er eignet sich besonders zur Bekämpfung von Übergewicht.

*

Beinwelltee

Diesen Tee können Sie als Mittel gegen Knochenerkrankungen, Hämorrhoiden, Blutergüsse und Nervenverletzungen einsetzen.

*

Bohnenkrauttee

Bohnenkrauttee wirkt gegen Depressionen, Grippe, Impotenz und Krämpfe im Unterleibsbereich.

*

Brennesseltee

Brennesseltee unterstützt in besonderem Maße die Entschlackung und Ausscheidung von Giften, wirkt blutreinigend gegen Rheumabeschwerden und Ödeme.

*

Brombeertee

Brombeertee wirkt gegen Magen- und Darmkatarrh und ist wohltuend für die Atemorgane.

*

Eisenkrauttee

Trinken Sie Eisenkrauttee als Heilmittel gegen Akne, Allergien, Gicht, Nervosität, Verstopfung und Durchblutungsstörungen. Er hilft aber auch hervorragend bei starken Menstruationsbeschwerden.

*

Erdbeerblättertee

Erdbeerblättertee wirkt gegen Arthrosen, Blasenentzündung, Rheuma, Gicht, Leber- und Prostatabeschwerden.

*

Fencheltee

Trinken Sie diesen Tee bei Durchfall, Verdauungsstörungen und Blähungen. Auch gegen schlechte Laune ist er ein gutes Mittel.

*

Hagebuttentee

Hagebuttentee versorgt Ihren Organismus mit Vitamin C und hilft gegen Infektionskrankheiten, hauptsächlich Erkältungen. Ideal ist er auch zum Durchspülen der Nieren.

*

Heidekrauttee

Wenn Sie an Harnwegerkrankungen, an Steinleiden, Gallenerkrankungen, Gicht oder Rheuma leiden, können Sie diesen Tee probieren. Wenn Sie übergewichtig sind, sollten Sie ihn als besondere Hilfe beim Abnehmen trinken.

Johanniskrauttee

Johanniskrauttee wirkt gegen nervöse Erschöpfung, Wechselbeschwerden, Ruhelosigkeit und Abgespanntheit, bei Reizungen und Schwellungen.

*

Kamillentee

Bei Magen- und Darmbeschwerden aller Art, bei Entzündungen des Rachenraums, zur Inhalation der Luftwege während einer Erkältung sowie gegen unreine Haut und Schuppenbildung am Kopf sollten Sie Kamillentee trinken.

*

Lavendeltee

Lavendeltee wird gegen Abszesse, Allergien, Angina, Bronchitis, Durchfall, Grippe, Gürtelrose, Bluthochdruck und Nebenhöhlenerkrankungen getrunken.

Lindenblütentee

Lindenblüten sollten Sie als Tee gegen Erkältungen, Grippeinfekte, krampfartige Leibschmerzen und zur Unterstützung des Schwitzens zu sich nehmen.

*

Lorbeertee

Dieser Tee ist ein bekanntes Mittel gegen Asthma und Rheumabeschwerden.

*

Löwenzahnwurzeltee

Er regt vor allen Dingen die Galle, Leber und Nieren an, baut neue Magensäure auf und bekämpft chronische Rheumabeschwerden.

*

Majorantee

Trinken Sie Majorantee als Mittel gegen Arterienverkalkung und Gedächtnisschwäche.

*

Melissentee

Melissentee wirkt gegen Blähungen, Krämpfe, Schlaflosigkeit und Magenbeschwerden. Ganz besonders eignet er sich zur Bekämpfung von Übergewicht.

*

Pfefferminztee

Pfefferminztee regt die Galle an und hilft bei Krämpfen, bei Schmerzen im Magen- und Darmbereich, bei Übelkeit und Durchfall.

*

Quendeltee

Nutzen Sie dieses alte Hausmittel gegen Akne, Arthritis, zu niedrigen Blutdruck, Müdigkeit, Durchblutungsstörungen, Ekzeme und Rheumabeschwerden.

*

Rosmarintee

Rosmarintee sollten Sie gegen Angina, Bronchitis, Impotenz, Krämpfe, Müdigkeit, Menstruationsbeschwerden und Verdauungsstörungen trinken.

*

Salbeitee

Salbeitee hilft gegen Angina, Blähungen, Blasenentzündungen, Gicht, Gallenbeschwerden, Magengeschwüre, Krampfadern und Wechselbeschwerden.

*

Schafgarbentee

Verwenden Sie diesen Tee am besten gegen Magen- und Darmstörungen, gegen Blähungen, Akne, Krampfadern, Schlaflosigkeit, Durchblutungsstörungen sowie gegen Menstruationsbeschwerden. Aber Vorsicht: Er wirkt zugleich gegen Appetitlosigkeit.

*

Tausendgüldenkrauttee

Tausendgüldenkrauttee stärkt den gesamten Verdauungstrakt nach Esssünden und entgiftet den Organismus von Umweltschadstoffen.

*

Thymiantee

Thymiantee ist ideal gegen Asthma, Blähungen, Bronchitis, Grippe, Impotenz, Prostataprobleme, Verdauungsstörungen und Verstopfung.

Wacholderbeerentee

Trinken Sie diesen Kräutertee gegen Rheuma, Wechselbeschwerden, Angina, Arterienverkalkung und Asthma.

*

Zinnkrauttee

Zinnkrauttee – auch Schachtelhalmtee genannt – wirkt gegen Blutunreinheiten, Stauungen, Bindegewebsschwäche sowie zur Harnvermehrung.

*

Anwendungsempfehlung

Am besten wirken Kräutertees, wenn Sie sie am Morgen auf nüchternen Magen langsam und schluckweise trinken.

Um eine Heilwirkung zu erzielen, sollten Sie mindestens zwei bis drei Tassen Kräutertee trinken – es sei denn, es ist anders vorgeschrieben.

Blättriger Weizen und kichernde Erbsen

Die besten Tipps zur Vollwerternährung

Vollwertkost ist keine Diät, sondern eine Ernährungsform, die jahrtausendealte Erfahrungen mit modernen ernährungswissenschaftlichen Erkenntnissen kombiniert. Dadurch findet sie von allen Seiten Anerkennung. Sie bietet viele Variationsmöglichkeiten, die nicht nur bestens schmecken, sondern unseren Körper mit allen lebenswichtigen Elementen versorgen, ohne dick zu machen. Denn sie bevorzugt frische, vollwertige Produkte wie Gemüse, Milch, Eier oder vollkörniges Getreide, reduziert aber den Genuss von Fisch oder Fleisch. Als vollwertig gelten alle naturbelassenen Lebensmittel, die so wenig wie möglich be- und verarbeitet sein sollten, um den Körper mit allen lebenswichtigen Inhaltsstoffen zu versorgen. Abgesehen von den Prinzipien, „leere Kalorienträger" wie zum Beispiel Zucker oder raffinierte Fette zu vermeiden und möglichst oft Rohkost zu essen, ist hier sonst alles erlaubt.

Vielfalt

Stellen Sie Ihre Speisen bunt aus den Lebensmittelgruppen Getreide, Gemüse, Obst, Getränke, Milch und Milchprodukte, Fisch und Fleisch sowie Fette und Öle zusammen. Denn die wichtigen Nährstoffe sind nicht in allen Nahrungsmitteln zu gleichen Teilen vorhanden. So vermeiden Sie eine Mangelernährung.

In den Mittelpunkt Ihrer Ernährung sollten Sie in jedem Fall Gemüse stellen. Essen Sie täglich davon und immer auch einen Teil roh. Denn Gemüse liefert Ihnen pflanzliches Eiweiß. Dies ist eine wichtige Ergänzung zu tierischem Eiweiß.

Essen Sie möglichst oft Kartoffeln. Sie liefern Ihnen in reichlicher Menge Vitamine und Mineralstoffe, dazu noch wertvolles pflanzliches Eiweiß und Ballaststoffe ohne viele Kalorien.

Auch Obst sollte jeden Tag auf Ihrem Speisezettel stehen.

Meiden Sie fettreiche Lebensmittel.

Ersetzen Sie bisweilen eine Fleisch- oder Wurstmahlzeit durch Fisch oder Milchprodukte. Sie haben genauso viel tierisches Eiweiß.

Oder nehmen Sie Getreide und Hülsenfrüchte statt Fleisch in Ihren Speiseplan auf. Auch dadurch führen Sie sich wichtige Pflanzeneiweiße zu.

*

Zubereitung

Bereiten Sie Ihre Speisen so zu, wie es Ihnen am besten schmeckt, doch verzichten Sie weitgehend auf raffinierte Fette und versuchen Sie, so viel Rohkost wie möglich zu essen.

Garen Sie nur kurz und verwenden Sie dabei so wenig Wasser und Fett wie möglich. Langes Kochen zerstört die Inhaltsstoffe und ermöglicht den Austritt der Nährstoffe.

Geizen Sie mit Fett. Zu viel Fett macht dick.

Wechseln Sie verschiedene Streichfette und Öle immer wieder ab. Bevorzugen Sie kalt geschlagene Pflanzenöle und Butter, verwenden Sie Margarine nur, wenn sie aus ungehärteten Fetten hergestellt ist.

Kräuter und Gewürze verstärken den Eigengeschmack der Speisen. Deshalb würzen Sie ruhig, so viel Sie wollen, doch gehen Sie mit Salz sparsam um. Nehmen Sie davon nur so viel, dass es den Eigengeschmack des Essens heraushebt, aber achten Sie darauf, dass es ihn nicht überdeckt.

*

Essgewohnheiten

Um Über- und Untergewicht zu vermeiden, sollten Sie in Maßen essen. Sonst werden Sie natürlich auch von einer abwechslungsreichen Kost dick.

Nehmen Sie mehrere kleine Mahlzeiten am Tag zu sich. Das muntert Sie auf und lindert Leistungstiefs.

*

Trinken

Trinken Sie reichlich. Gerade bei Vollwertprodukten bedürfen Sie eine große Menge Flüssigkeit.

Wählen Sie Mineralwasser, verdünnte Obstsäfte oder auch Tee ohne Zucker. Sie können auch Gemüsesäfte oder in Maßen schwarzen Kaffee trinken.

Aber denken Sie daran: Alkoholische und süße Getränke sind keine Durstlöscher.

Vollkornprodukte

Essen Sie täglich Vollkornbrot. In ihm stecken die wichtigen pflanzlichen Ballaststoffe, die sättigende Wirkung haben, die Verdauung fördern und die Passage des Darminhalts beschleunigen.

Vollkornbrot hat – wie alle Vollkornlebensmittel – einen geringeren Anteil an unverdaulichen Kohlehydraten und weniger Kalorien als Brot aus Weißmehl. Damit hilft es bei der Gewichtsregulierung und verbessert den Stoffwechsel und die Verdauung.

Probieren Sie so häufig wie möglich vollwertige Getreideprodukte. Auch Sie enthalten selbstverständlich reichlich Vitamine, Mineralstoffe und Spurenelemente. Versuchen Sie doch Vollkornnudeln oder Vollkornreis. Beides können Sie überall kaufen.

Naschereien und Gebäck aus Vollkorn, wie etwa Kürbiskern-Kekse, Kokos-Kekse, Sonnenblumenkekse oder Spekulatius, schmecken ebenfalls lecker.

*

Vollwertiges Getreide

Verzichten Sie bei Ihrer Ernährung nicht auf den Keim, also auf das Vollkorn. Es enthält die wertvollen Nährstoffe, die in den „leeren Dickmacherkalorien" von Weißbrot oder Auszugsmehl fehlen. Achten Sie darauf, dass auf der Ware auch wirklich „Vollkornerzeugnis" steht.

Vollkorn liefert hochwertiges Eiweiß, leicht verdauliche Kohlehydrate, essenzielle Fettsäuren, viele Vitamine besonders der B-Gruppe, reichlich Mineralstoffe und Spurenelemente.

Vollkorn hat sechsmal so viel Vitamin B_1 wie Weißmehl. Das ist sehr wichtig für Ihre Leistungsfähigkeit.

*

Buchweizen

Buchweizen ist gut bekömmlich und verdaulich. Er enthält viel wertvolles Eiweiß, viele essenziellen Fettsäuren und reichlich Ballaststoffe. Sein Gehalt an Lysin, einem essenziellen Eiweißbaustein, ist dreimal so hoch wie bei Weizen.

Die im Buchweizen vorkommende Kieselsäure ist wichtig für Ihre Haare und Nägel, sein Rutin regt den Stoffwechsel an und fördert die Durchblutung.

Garen Sie Buchweizen nie zu lange, sonst schmeckt er pappig.

Auf das Einweichen von Buchweizen vor dem Kochen können Sie getrost verzichten.

Ganze Buchweizenkörner sind gut für Risotto und Aufläufe verwendbar, aus Buchweizengrütze lassen sich hervorragend Klöße, Suppen und Aufläufe machen, Buchweizenflocken wiederum können Sie für Müsli und Süßspeisen einsetzen.

Zum Brotbacken eignet sich Buchweizenmehl zwar nicht, doch können Sie daraus schmackhafte Pfannkuchen, Torten und Soßen zaubern.

*

Gerste

In 100 Gramm Gerste stecken gut zehn Prozent Eiweiß. Sie ist reich an Vitaminen und Spurenelementen. Ihre Kieselsäure tut der Haut, den Haaren, den Sinnesorganen und dem Bindegewebe gut.

Das Mehl der Gerste hat zwar zu wenig Klebereiweiß, so dass es sich nicht zum Brotbacken eignet, doch für Süßspeisen ist es hervorragend einsetzbar. Es macht sie leicht cremig.

Geben Sie Gerstenkeime zu Ihrem Müsli hinzu. Der mild-süße Geschmack des Malzes wird Ihnen bestimmt schmecken.

*

Grünkern

Probieren Sie einmal Grünkern. Um ihn zu gewinnen, wird der Dinkel – ein naher Verwandter des Weizens – vor der vollständigen Reife noch saftig und weich geerntet und durch Darren nicht nur haltbar, sondern auch würzig gemacht.

In seinem Nährstoffgehalt kann man Grünkern mit dem Weizen vergleichen. Er ist ausgesprochen magenfreundlich. Machen Sie sich seine Vielseitigkeit zunutze und kochen Sie ihn beispielsweise wie Risotto oder geben Sie ihn zu Brotteig hinzu.

Brot aus reinem Grünkernmehl zu backen, ist unmöglich. Seine Backeigenschaften reichen dafür nicht aus.

Sie können die Garzeit von Grünkern auf zehn Minuten vermindern, wenn Sie ihn vor dem Kochen eine Nacht lang einweichen.

*

Hafer

Es ist jammerschade, dass Hafer vorwiegend als Futtermittel verwendet wird, denn er ist wohl das vollwertigste unter allen Körnern. Er enthält beispielweise doppelt so viel Eiweiß wie die übrigen Getreidearten. Mit 100 Gramm Hafer decken Sie zudem fast Ihren gesamten Tagesbedarf an essenziellen Aminosäuren.

Am besten zum Essen geeignet ist der Sprießkornhafer. Sie bekommen ihn im Reformhaus. Aber auch Haferflocken sind eine leckere Abwechslung.

Um das würzige, leicht nussartige Aroma von Hafer noch deutlicher herauszustellen, können Sie beispielsweise Haferflocken unter schwacher Hitze in einer Pfanne rösten.

Die leicht verdaulichen Kohlehydrate und Ballaststoffe des Hafers haben die besondere Fähigkeit, Bakterien an sich zu binden. Deshalb ist auch Haferschleim die beste Nahrung bei Magen- und Darmbeschwerden.

*

Hirse

Die Körner der Hirse, die Sie kaufen können, sind zwar immer geschält, da ihre Schale ungenießbar ist. Weil sie aber keimfähig sind, gehören sie dennoch zur Vollwertkost.

Nehmen Sie statt Reis doch einmal Hirse. Sie ist das kleinste und mineralstoffreichste Getreide und kann von Ihnen ebenso zubereitet werden wie Reis: Es schmeckt ganz hervorragend als Beilage zu Gemüse, Aufläufen und Salaten.

Dünsten Sie Zwiebeln in Fett an und geben Sie Hirse hinzu. Füllen Sie alles mit der doppelten Menge Brühe auf und lassen es ungefähr 30 Minuten garen. Schon haben Sie einen leckeren Hirsotto, den Sie mit Erbsen oder Pilzen, Kräutern und frisch geriebenem Käse als Hauptgericht servieren können.

*

Roggen

Obwohl das Aschenbrödel unter den Getreidekörnern, steht Roggen dem Weizen in Hinsicht auf den Nährwert beinahe in nichts nach.

Als Anfänger sollten Sie sich allerdings nicht an die Verarbeitung von Roggen begeben. Dazu bedarf es schon einiger Erfahrung.

❋

Weizen

100 Gramm Weizenkörner enthalten rund zwölf Gramm hochwertiges Pflanzeneiweiß, etwa zwei Gramm Fett in Form von essenziellen Fettsäuren, viele Vitamine der Gruppe B und Vitamin E sowie beinahe zwei Milligramm Mineralstoffe: Calcium, Eisen, Magnesium.

Kaufen Sie Weizenkörner nur aus biologischem Anbau mit Herkunftsnachweis. Dann ist eine sachgemäße Reinigung des Korns garantiert. Ungereinigtes Korn enthält neben Schmutz auch das giftige Mutterkorn.

Lagern Sie größere Mengen an Weizenkörnern nur in Jute- oder Leinensäcken und mischen Sie es in regelmäßigen Abständen durch. So vermeiden Sie die Entwicklung von Schädlingen.

*

Sprossen & Keime

Sprossen und Keime können Sie aus nahezu allen Samen von essbaren Pflanzen ziehen: Ob von Hülsenfrüchten, Getreidekörnern, Kresse oder Leinsamen, stets erhalten Sie ein neues Gemüse ohne viele Kalorien, aber mit vielen wichtigen Inhaltsstoffen.

Beim Keimprozess werden Kohlehydrate und Fette abgebaut, Eiweiße so gespalten, dass sie leicht verdaulich sind, und die Anzahl von Ballaststoffen vermehrt.

Da während des Keimens Vitamine und Mineralstoffe gebildet werden, können Sie Keimlinge vor allem im Winter als ideale Vitaminquelle selbst heranzüchten. Stellen Sie die Samen lediglich gut befeuchtet an einen mäßig warmen Ort und warten Sie einige Tage.

Wenn Sie Weizen keimen lassen, verdoppelt sich innerhalb von 12 bis 24 Stunden deren Gehalt an Vitamin B, der Gehalt von Karotin wächst um beinahe 200 Prozent, der von Vitamin E wiederum um rund 120 Prozent.

Wenn Sie täglich nur einen Esslöffel Weizenkeime essen, dann erhalten Sie alle wichtigen Nährstoffe bei nur 30 Kalorien.

Keimlinge von Hülsenfrüchten sollten Sie stets erst blanchieren, bevor Sie sie essen. Die rohen Keimlinge tragen gesundheitsschädliche Stoffe in sich.

Wenn Sie Keimlinge aus Kichererbsen ziehen, werden Sie staunen, wie innerhalb von wenigen Tagen aus steinharten Samen knackige und leicht süßliche Keimlinge erwachsen.

Knabbern Sie Gerstenkeime als Snack zwischendurch. Sie schmecken prima und geben Ihnen den Mineralreichtum der Gerste.

*

Hülsenfrüchte

Hülsenfrüchte sollten einen ganz besonderen Stellenwert in Ihrer vollwertigen Ernährung einnehmen. Sie haben nämlich den höchsten Eiweißgehalt von allen pflanzlichen Produkten. Er liegt zwischen 19 und 37 Prozent. Aus diesem Grund gehören Sie zu den wichtigsten Eiweißquellen der Menschheit.

Kochen Sie Hülsenfrüchte stets und essen Sie sie nicht roh. In rohem Zustand enthalten Sie giftige Stoffe.

*

Bohnen

Weiße Bohnen versorgen Sie pro 100 Gramm mit mehr als 20 Gramm Eiweiß, zwei Gramm Fett und 57 Gramm Kohlehydraten, außerdem mit zahlreichen Mineralstoffen und Vitaminen.

Sojabohnen haben sogar mehr als 28 Gramm Eiweiß je 100 Gramm.

Verwenden Sie bei Bohnengerichten Milch oder Milchprodukte, Eier, Mais oder Nüsse, am besten aber Weizen als Zutat oder als Beilage. So gleichen Sie den Mangel von Bohnen an dem wichtigen Eiweißbaustein Lysin aus.

Wenn Sie kleine Bohnensorten verarbeiten, die Bohnengerichte verdauungsfördernd würzen und beim Essen gut kauen, dann werden Bohnengerichte leichter verdaulich.

*

Erbsen

100 Gramm getrocknete Erbsen enthalten mehr als 20 Gramm Eiweiß, etwa 0,8 Milligramm Vitamin B_1, 0,25 Milligramm Vitamin B_2 und 3,1 Milligramm Vitamin B_3. An Mineralstoffen und Spurenelementen weisen sie ebenfalls große Mengen auf. Ungeschält sind sie bei gut 345 Kalorien ein hervorragender Ballaststofflieferant.

Verwenden Sie gelbe Erbsen für feinere Rezepte. Ihr Geschmack ist etwas milder und süßlicher als der von grünen Erbsen. Die schmecken herzhafter und eignen sich besser für deftige Gerichte.

Achten Sie bei Erbsen auf gute Qualität. Dann sind sie sorgfältig verlesen, von einheitlicher Größe und werden infolgedessen zur gleichen Zeit gar.

*

Linsen

100 Gramm Linsen enthalten rund 24 Gramm Eiweiß, ein Gramm Fett, 56 Gramm Kohlehydrate und 17 Gramm Ballaststoffe, darüber hinaus viel Vitamin A, B_1, B_2 und B_6.

Wenn Sie Lebensmittel mit eigenem pflanzlichen Eiweißgehalt, wie beispielsweise Klößchen aus Weizenschrot oder Hafer, zu Linsen servieren, kann das Eiweiß der Linsen noch besser genutzt werden.

Berücksichtigen Sie bei der Garzeit von Linsen einerseits deren Dicke, andererseits ihr Alter. Flache Tellerlinsen brauchen nicht

so lange wie dickbauchige, ältere quellen
nicht mehr so schnell wie jüngere.
In jedem Fall werden vorher
eingeweichte Linsen schneller gar.

Wenn Sie Linsen trocken, kühl und
dunkel in einer verschlossenen Packung
lagern, halten sie sich bis zu
fünf Jahre lang.

*

Kichererbsen

Probieren Sie doch einmal Kichererbsen.
Sie unterscheiden sich im Geschmack
erheblich von den in unserer Region
bekannten Hülsenfrüchten, haben
aber auch auf 100 Gramm gut
20 Gramm Eiweiß, fünf Gramm Fett
und zahlreiche Kohlehydrate, allerdings
nur relativ wenig Vitamine
und Mineralstoffe.

Gut getrennt ist halb gewonnen

Die besten Tipps zur Trennkosternährung

Auch die Trennkost ist eine Ernährungs- und keine Diätform, selbst wenn man durch sie sehr gut abnehmen oder auch sein Gewicht halten kann. Sie ist im Grunde eine Spielart der Vollwerternährung. Wie diese legt sie ihr Hauptaugenmerk auf pflanzliche Kost und sucht den Anteil an Fleisch zu reduzieren, doch im Grunde darf man auch hier alles essen, was schmeckt – Hauptsache es ist vollwertig. Der Unterschied zwischen beiden Ernährungsweisen liegt darin, dass die Trennkost versucht, bei der Nahrungsaufnahme eiweißreiche Nahrungsmittel weitestmöglich von kohlehydratreichen zu trennen, da sich ihrer Ansicht nach diese beiden Nährstoffe gegenseitig beim Abbau im Organismus behindern und so die Resorption dieser Nährstoffe verlangsamt werde. Demzufolge hat sie alle Lebensmittel in drei Gruppen eingeteilt: in die Eiweißgruppe, die Kohlehydratgruppe und die neutrale Gruppe. Die Zugehörigkeit zu einer Gruppe hängt nicht nur von der Menge des jeweils enthaltenen Stoffes ab (denn alle Produkte enthalten in geringen Mengen beide Inhaltsstoffe), sondern davon, in welcher Form der Stoff im Produkt vorliegt und wie er vom Organismus verarbeitet wird.

Trennen

Lebensmittel aus der Eiweißgruppe sollten Sie nicht mit denen aus der Kohlehydratgruppe mischen beziehungsweise innerhalb einer Mahlzeit kombinieren.

Verbinden Sie aber jeweils die Eiweiß- oder Kohlehydratgruppe mit Lebensmitteln aus der neutralen Gruppe.

*

Eiweißreiche Lebensmittel

Gegarte Fleisch-, Fisch- und Geflügelarten, Meeresfrüchte, Eier, Milch- und Käseprodukte bis 50 Prozent Fett sowie fast alle frischen Beerenfrüchte, Stein- und Kernobst sollten Sie sich als eiweißreiche Lebensmittel merken.

*

Kohlehydratreiche Lebensmittel

Zu dieser Gruppe zählen alle vollwertigen Getreide und Getreideprodukte wie Müsli, Brot oder Teigwaren, dazu Kartoffeln, Reis, Bananen und Trockenfrüchte, aber auch naturbelassene Süßungsmittel.

*

Neutrale Lebensmittel

Tierische Fette, Sauermilchprodukte, Sahne, alle Frischkäsesorten, Samen und Nüsse, alle rohen und rohgeräucherten Wurst-, Fleisch- und Fischwaren, darüber hinaus alle rohen Gemüse und Salate samt Pilzen und Keimlingen sowie Kräuter und Gewürze können Sie sowohl mit eiweiß- als auch mit kohlehydratreichen Produkten mischen.

Nicht empfehlenswerte Lebensmittel

Übertreiben Sie es nicht zu sehr mit der Befolgung von Verboten. Am wichtigsten ist es, dass Ihnen die Trennkost schmeckt. Deshalb sollten Sie nicht gleich alle Vorlieben aufgrund fehlender Empfehlungen aufgeben.

Fertigprodukte wie Fruchjoghurts, fertige Suppen oder Soßen, Ketchup und Majonäse sowie Konserven aller Art sind keine Vollwert-Produkte. Deshalb sollten Sie sie in der Trennkost am besten nicht verwenden.

Aufgrund der Massentierhaltung empfiehlt die Trennkost, auf Schweinefleisch zu verzichten. Doch, wenn Sie dies Fleisch direkt vom Bauernhof beziehen können, sollten Sie den Verzicht auf dies ernährungsphysiologisch wertvolle Fleisch überdenken.

Auch raffinierter Zucker, künstliche Süßstoffe sowie Produkte daraus sollten in Ihrer Trennkostküche keinen Platz haben. Süßen Sie stattdessen mit zur Kohlehydratgruppe gehörenden Süßmitteln wie etwa Rohzucker, Rübenzucker, Honig oder Ahornsirup.

In der Trennkost wird der Verzehr von Hülsenfrüchten vermieden. Sie sind nämlich große Eiweißlieferanten und enthalten zudem zahlreiche Kohlehydrate.

Verzichten Sie auf Essig und Essig-Essenz. Greifen Sie lieber zu Zitronensaft zum Säuern.

*

Richtig essen

Machen Sie Obst und Gemüse zu Ihren Hauptnahrungsmitteln und geben Sie einmal eiweißreiche Lebensmittel, ein andermal kohlehydratreiche Speisen hinzu.

Da nach der Vorstellung der Trennkost Ihr Körper nicht zu jeder Tageszeit Eiweiß und Kohlehydrate gleichermaßen gut verarbeiten kann, sollten Sie mittags und nachmittags auf eiweißreiche Mahlzeiten verzichten und stattdessen kohlehydratreiche bevorzugen.

Allmählich werden Sie durch diese Trennung zum höheren Verzehr von Gemüse gebracht. Die empfohlene Tagesmenge beträgt 400 Gramm. Dadurch ernähren Sie sich kalorienärmer, aber zugleich vitamin- und nährstoffreicher.

Essen Sie stets eine Zwischenmahlzeit zwischen den bekannten Hauptmahlzeiten und achten Sie auch hier auf die Zugehörigkeit der Speisen zu den entsprechenden Lebensmittelgruppen.

Lassen Sie keine der empfohlenen Zwischenmahlzeiten aus, nur weil Sie keinen Hunger verspüren. So entgehen Sie unkontrolliertem Essen während der

Hauptgerichte und bleiben zudem bei der Arbeit fit und leistungsfähig.

*

Auswärts essen

Im Restaurant können Sie oftmals Ihr Menü individuell zusammenstellen, so dass Sie auch hier den Prinzipien der Trennkost treu bleiben können. Wählen Sie etwa zu Fleisch- oder Fischgerichten anstelle von Kartoffeln Gemüse als Beilage oder nehmen Sie Nudeln plus eine Gemüsesoße. Achten Sie darauf, dass sowohl die Vor- als auch die Nachspeise den Gesichtspunkten der Trennkost entspricht.

Wenn Ihre Kantine Speisen in Form des „Baukastensystems" anbietet, können Sie problemlos trennkostgerechte Mahlzeiten zusammenstellen. Bei Tellergerichten können Sie die nicht zueinander passenden Speisen übrig lassen.

Wenn Sie verreisen, erkundigen Sie sich am besten schon vorher, wie die Speisen in Ihrem Hotel serviert werden, und überlegen im voraus, ob Sie nur mit Frühstück oder mit Halbpension buchen.

Reisen Sie in den Süden, sollten Sie sich für das Frühstück abgepacktes Vollkornbrot von zu Hause mitnehmen.

Wenn Ihr Hotel morgens ein Frühstückbuffet anbietet, können Sie als „Trennköstler" in jedem Fall nach Herzenslust zugreifen: Wählen Sie eine Obstmahlzeit oder ein Eiweißgericht oder auch kohlehydratreiches Müsli.

*

Äpfel

Diese Frucht hält eine Art „Zwitterstellung" inne: Wenn Sie einen säuerlichen und saftigen Apfel haben, zählt er unter die Eiweißgruppe, wenn er dagegen süßlich und mürbe ist, rechnet er zur Kohlehydratgruppe.

*

Butter

Verzichten Sie nicht gänzlich auf dieses Streichfett, aber seien Sie sparsam damit.

Probieren Sie als Alternative Halbfettbutter. So nehmen Sie nur halb so viel Fett zu sich. Leider eignet sie sich aber nicht zum Braten oder Backen.

*

Desserts

Zur Verfestigung von Kohlehydrat-Desserts können Sie sehr gut die gewöhnlichen Verfestigungsmittel wie Stärke verwenden. Bei Eiweiß-Desserts hingegen sollten Sie davon absehen und beispielsweise auf Gelatine zurückgreifen.

Verzichten Sie auf Eischnee zur Auflockerung von Cremespeisen. Da es sich hier um rohes Eiklar handelt, wird es in der Trennkosternährung abgelehnt.

*

Käse

Fetter Käse fällt unter die neutrale Lebensmittelkategorie und ist somit mit beiden anderen Lebensmittelgruppen kombinierbar. Verwenden Sie fetten Käse trotzdem stets nur in Maßen. Er hat nämlich oft genauso viele Kalorien wie ein ganzes Frühstück.

*

Panaden

Um Fleisch zu panieren, sollten Sie nicht auf die herkömmlichen Semmelbrösel oder das Paniermehl zurückgreifen. Sie gehören der Kohlehydratgruppe an, Fleisch aber der Eiweißgruppe. Wenden Sie das gewürzte

Fleisch vielmehr in Sojamehl, ziehen es durch verquirltes Ei und anschließend durch feingeriebene Nüsse. So erhalten Sie eine Panade, die den Anforderungen der Trennkost entspricht.

*

Sahne

Wenn Sie Sahne ein wenig mit Wasser verdünnen, können Sie sie wie Milch verwenden. Sie behält in jedem Fall ihre Zugehörigkeit zur neutralen Produktgruppe.

Oder ersetzen Sie Sahne durch Joghurt oder Dickmilch. So sparen Sie viele Kalorien.

*

Salatdressing

Für Salat aus eiweißreichen Produkten wie etwa Fleisch, Geflügel oder Käse unter 50 Prozent Fettanteil reichen Sie am besten ein Dressing aus Zitronensaft. Sie können auch

Produkte aus der neutralen Gruppe wie Sahne oder Öl zur Herstellung verwenden.

Zu kohlehydratreichem Salat wie zum Beispiel Kartoffelsalat sollten Sie hingegen nur Dressings mit Zutaten aus der neutralen Gruppe hinzugeben. Hier eignen sich besonders selbstgemachte Majonäse, Sahne oder Joghurt.

*

Soßen binden

Kohlehydratreiche Gerichte können Sie wie gewöhnlich mit Stärke oder Mehl binden, bei eiweißreichen hingegen brauchen Sie eine Alternative. Nehmen Sie doch Biobin, ein Bindemittel aus Johnannisbrotkernmehl; das gilt als neutral.

*

Trinken

Trinken Sie bei der Trennkosternährung regelmäßig und in ausreichender Menge. Täglich sollten Sie mindestens zwei Liter kalorienarme oder -freie Getränke wie Kräutertees, stilles oder natriumarmes Mineralwasser zu sich nehmen.

Beachten Sie, dass alle Fruchtsäfte und Früchtetees zur Eiweißgruppe zählen.

Gelegentlich können Sie ruhig auch ein wenig Alkohol genießen. Aber auch hier sollten Sie die Zugehörigkeit zur Lebensmittelgruppe berücksichtigen: trockener Wein, Cidre, Sekt und Champagner gehören zur Eiweißgruppe, Bier zur Kohlehydratgruppe, hochprozentige Alkoholika wiederum zur neutralen Gruppe.

Nicht Fleisch, nicht Fisch

Die besten Tipps zur vegetarischen Ernährung

Der Vegetarismus zeichnet sich dadurch aus, dass sich seine Anhänger aus religiösen, ethischen oder ökologischen Gründen hauptsächlich von pflanzlichen Produkten ernähren und auf jede Form von getöteten Tieren als Nahrungsquelle verzichten. Das betrifft Fleisch und Fisch, aber natürlich auch Muscheln und Schnecken. Es gibt drei Formen von Vegetarismus. Die extremste ist die sogenannte vegane Ernährung. Hier sind alle Produkte tierischen Ursprungs verpönt, Milch und Milchprodukte ebenso wie Eier. Extreme Veganer essen nicht einmal Honig, da dieser ja von Tieren gesammelt wird. Lakto-Vegetarier machen zwar Milch und Milchprodukte zu einem Teil ihrer Nahrung, verzichten jedoch auf den Verzehr von Eiern, da daraus Tiere entstehen können. Die sogenannten Ovo-Lakto-Vegetarier schließlich enthalten sich lediglich des Verzehrs von Fisch und Fleisch, akzeptieren aber Milch und Milchprodukte sowie in Maßen Eier als Nahrungsmittel.

Eiweißhaushalt

Gerade um Ihren Eiweißhaushalt ausgewogen zu halten, sollten Sie nicht vollkommen auf tierische Produkte wie Milch verzichten. Denn der Körper kann zwar problemlos tierische Eiweiße verwerten, vermag aber pflanzliche Eiweiße relativ schlecht auszunutzen, da hier die wichtigen Aminosäuren fehlen.

Durch besondere Mischung von Lebensmitteln kann die „biologische Wertigkeit" von pflanzlichem Eiweiß enorm verbessert werden. Auf rein pflanzlicher Basis sollten Sie deshalb Hülsenfrüchte und Getreide oder Mais sowie Nüsse und Samen kombinieren.

Am besten verbinden Sie tierische und pflanzliche Eiweiße miteinander: Verarbeiten Sie beispielsweise Kartoffeln mit Milch zu Kartoffelpüree oder backen Sie aus Weizen, Reis, Mais, Bohnen oder Soja und Eiern leckere Pfannkuchen oder Brätlinge.

Lecker schmecken auch Pellkartoffeln mit Quark oder Kartoffelgratin. Auch in diesen Gerichten liegen beide Eiweiße vor.

*

Richtig essen

Wenn Sie auf Fleisch und Fisch verzichten, sollten Sie sich in jedem Fall vollwertig ernähren. Sonst kann es zu enormen Mangelerscheinungen kommen.

Achten Sie darauf, möglichst frisches Gemüse und Obst zu essen. So führen Sie sich alle wichtigen Vitamine und Nährstoffe zu, nehmen jedoch wenig Kalorien zu sich. Das hält schlank.

Durch pflanzliche Nahrung nehmen Sie viel weniger Fett auf als durch Fleisch und vermeiden überdies die in Fleisch und Wurst versteckten Fette. Das bewirkt automatisch eine schlankere Linie.

Entscheiden Sie selbst bei vegetarischer Ernährung sowohl nach dem Kaloriengehalt als auch nach der Nährstoffdichte eines Lebensmittels, ob Sie es essen oder nicht. Kartoffeln, Vollgetreide, Obst und Gemüse besitzen in beiderlei Hinsicht hervorragende Eigenschaften: wenig Kalorien, aber eine Menge an lebenswichtigen Inhaltsstoffen.

Essen Sie viel Brot, Nudeln oder Reis aus Vollkorn. Dadurch nehmen Sie viele Kohlehydrate auf und decken bereits Ihren täglichen Bedarf von 30 bis 40 Gramm Ballaststoffen ab.

Schwangere und stillende Frauen sollten sich besser nicht vegetarisch ernähren, auch wenn sie dies abwechslungsreich und vollwertig tun. Es kann bei ihnen zu Mangelerscheinungen kommen.

Schließen Sie Ihre Kinder in jedem Fall von einer vegetarischen Ernährung aus. Durch das Fehlen von Fleisch und vielleicht sogar von Milch kann es bei ihnen zu einem bedeutenden Mangel an Eisen, Calcium und Magnesium kommen.

*

Zubereitung

Verarbeiten Sie Gemüse so oft wie möglich roh. So nutzen Sie am besten alle Vitamine und Mineralstoffe.

Kochen Sie möglichst schonend: Garen, dünsten oder dämpfen Sie mit wenig Fett in geschlossenem Topf bei niedriger Hitze.

Quellen Sie Getreide: Wiegen Sie Getreide ab, geben es in eine Topf und schütten doppelt so viel Wasser wie Getreide hinzu. Würzen Sie alles gut und bringen Sie das Wasser zum Kochen. Achten Sie darauf, dass das Wasser eine Temperatur von mindestens 70 Grad hat. So erhalten Sie die meisten Nährstoffe im Getreide.

Halten Sie Gemüse nicht warm. Sonst verliert es viele wichtige Inhaltsstoffe. Lassen Sie es lieber abkühlen und wärmen es erneut auf. Achten Sie dabei aber auf den Nitratgehalt der Gemüseart.

*

Krankheiten vorbeugen

Wenn Sie einen zu hohen Cholesterinspiegel haben, sollten Sie einmal darüber nachdenken, sich vegetarisch zu ernähren. Denn da Cholesterin kaum in pflanzlicher Nahrung vorkommt, hat derjenige, der sich ausgewogen ernährt, in der Regel einen niedrigen Cholesterinspiegel.

Pflanzliche Nahrung ist sehr reich an mehrfach ungesättigten Fettsäuren. Dadurch kann der Cholesterinspiegel sogar sinken und mit ihm auch die Gefahr von Herzerkrankungen.

Sie reduzieren die Wahrscheinlichkeit für Gicht bei einer guten vegetarischen Ernährung. Denn sie ist ausgesprochen purinarm.

Mit dem Verzicht auf Fleisch mindern Sie die Anfälligkeit für Dickdarmerkrankungen und Funktionsstörungen der Niere.

Obst, Gemüse und Getreide enthalten große Mengen an Ballaststoffen. Dadurch helfen sie mit, die Verdauung in Gang zu bringen, und vermindern das Auftreten von Verstopfungen.

Die Ballaststoffe gerade in Obst unterstützen die Bindung von Gallensäure und helfen bei deren Ausschwemmung. Dazu wirken sie bei der Senkung eines erhöhten Cholesterinspiegels mit.

Durch die permanente Aufnahme von genügend Vitaminen wird Ihr Immunsystem gestärkt.

In pflanzlicher Nahrung sind alle Mineralstoffe enthalten. Doch besonders reich sind sie an Kalium. Dieser Gegenpol zu Natrium hilft dabei, überflüssiges Wasser aus dem Körper zu bringen.

*

Öle

Gerade wenn Sie tierische Fette nur in begrenzten Mengen zu sich nehmen, sollten Sie darauf achten, möglichst wertvolle pflanzliche Fette aufzunehmen. Nutzen Sie deshalb für Ihre tägliche Rohkost kalt gepresste Öle aus erster Pressung. Die sind zwar relativ teuer, enthalten aber, im Gegensatz zu den anderen Ölen, einen hohen Anteil an lebenswichtigen, also mehrfach gesättigten, Fettsäuren.

Kalt gepresste Öle verderben leicht. Lagern Sie sie deshalb kühl und dunkel sowie in einem gut verschlossenen Behältnis.

Sollten kalt gepresste Öle einmal ausflocken, bedeutet das nicht, dass sie schlecht sind, sondern nur, dass die Stoffe nicht entfernt wurden, die bei niedrigen Temperaturen fest werden.

Erhitzen Sie kalt gespresste Öle nicht zu sehr. Andernfalls verlieren Sie einen großen Teil ihrer Vitamine und Inhaltsstoffe. Einzige Ausnahme: Olivenöl.

*

Distelöl

Dieses Öl wird aus den Samen der Färberdistel gewonnen und enthält über 70 Prozent der lebenswichtigen mehrfach ungesättigten Fettsäuren.

*

Haselnussöl

Dieses aus Haselnüssen gepresste Öl hat einen angenehmen Eigengeschmack und passt deshalb vorzüglich zu Gemüse- und Blattsalaten aller Art.

*

Kürbiskernöl

Mit seinem hohen Gehalt an Linolsäure können Sie dieses Öl für alle Salate verwenden.

*

Leinöl

Machen Sie sich die stoffwechselanregende Wirkung des Leinöls zunutze. Es ist mit 70 Prozent mehrfach gesättigten Fettsäuren sehr gesund, passt zu vielen Salaten, besitzt aber einen intensiven Eigengeschmack.

*

Mandelöl

Wenn Sie einen empfindlichen Magen oder Darm haben, können Sie mit Mandelöl Linderung erzielen. Es ist nämlich besonders gut verträglich. Allerdings trägt es den typischen Geschmack süßer Mandeln. Deshalb ist es gewöhnungsbedürftig. Es eignet sich besonders zum Anmachen von Gemüsesalaten.

*

Maiskeimöl

Maiskeimöl enthält fast 60 Prozent mehrfach ungesättigte Fettsäuren. Da es geschmacksneutral ist, können Sie es sehr gut bei Rohkostsalaten verwenden.

*

Olivenöl

Benutzen Sie fürs Kochen und Braten Olivenöl. Es enthält bis zu zehn Prozent mehrfach ungesättigte Fettsäuren und verliert auch während des Erhitzens keine größeren Mengen an Vitaminen.

*

Sojaöl

Probieren Sie einmal Sojaöl zu Ihren Salaten. Es enthält etwa 65 Prozent mehrfach ungesättigte Fettsäuren.

*

Sonnenblumenöl

In Sonnenblumenöl finden Sie einen Anteil an mehrfach ungesättigten Fettsäuren von rund 65 Prozent. Sie können es vortrefflich zu allen Salaten verwenden.

*

Weizenkeimöl

Weizenkeimöl bietet mit 65 Prozent nicht nur eine große Menge an mehrfach ungesättigten Fettsäuren, sondern enthält außerdem im Vergleich zu allen anderen Ölen die höchste Anreicherung mit Vitamin E. Es eignet sich gut für Rohkost.

*

Walnussöl

Walnussöl bietet sogar rund 70 Prozent mehrfach ungesättigte Fettsäuren. Es wirkt regulierend auf den Stoffwechsel und schmeckt prima an grünen Blattsalaten.

*

Süßes

Wie bei der vollwertigen Ernährung sollten Sie auf raffinierten Zucker verzichten und lieber zu Ahornsirup oder Honig zum Süßen zurückgreifen.

In jedem Fall gilt: Süßen Sie möglichst mit Bedacht.

Reduzieren Sie doch allmählich die Menge der Süßungsmittel und gewöhnen Sie Ihre Geschmacksnerven auf diese Weise langsam an weniger süße Speisen. Dadurch haben Sie mit der Zeit überhaupt kein Verlangen mehr nach Süßem.

*

Trinken

Obwohl in Obst und Gemüse bis zu 90 Prozent Flüssigkeit enthalten ist, nehmen Sie nur einen kleineren Teil Ihres Flüssigkeitsbedarfs durch vegetarische Nahrung auf. Deshalb vergessen Sie nicht zu trinken.

Gerade bei vollwertigen Lebensmitteln besteht ein hoher Bedarf an Flüssigkeit, um die Ballaststoffe im Darm quellen zu lassen.

Nehmen Sie am besten in ausreichender Menge möglichst kalorienarme Getränke wie Wasser, Tee oder auch Kaffee zu sich.

Probieren Sie als Ersatz für Kakao einmal Carob, das pulverisierte Fruchtfleisch des Johannisbrotbaumes. Es enthält viele wichtige Vitamine, Mineralstoffe und Ballaststoffe, aber nicht die Wirkstoffe, die in Kakao zu finden sind.

*

Würzen

Würzen Sie die Speisen kräftig. Gewürze geben Gemüse und Getreide immer wieder neue Akzente und unterstützen deren positive gesundheitliche Wirkung.

Gerade Hülsenfrüchte werden durch Gewürze nicht nur geschmacklich verbessert, sondern auch verdaulicher.

Doch seien Sie sparsam mit Salz. Es lagert Wasser in den Zellen und macht dick.

Was lange währt, wird endlich gut

Die besten Tipps für Diäten

Grundsätzliches

Grundsätzlich sollten Sie bedenken: Langsamer Gewichtsverlust ist vernünftiger. Ein rasches Abnehmen wird fast genauso schnell wieder aufgeholt. Bei Schondiäten über längere Zeiträume brauchen Sie zwar mehr Geduld, aber die Gewichtsabnahme ist anhaltender und „Rückfälle" sind seltener.

Am besten nehmen Sie ab, wenn Sie viele Kohlehydrate, aber wenig Fett essen. Dann reduziert sich Ihr Gewicht sehr schnell, ohne dass Sie laufend bewusst Kalorien zählen müssen. Darüber hinaus bewirken Kohlehydrate gute Laune.

Lassen Sie sich nicht von einem hohen Gewichtsverlust in den ersten Tagen Ihrer Diät beeindrucken. Zu Beginn einer Diät werden die Fettdepots Ihres Körpers geschont. Denn zunächst werden die Kohlehydratvorkommen in der Leber und in den Muskeln abgebaut. Mit diesem

Abbau geht ein hoher Verlust an Wasser einher, der zu einer starken Gewichtsabnahme führt. Erst nach drei Tagen greift der Körper an seine Fettreserven, so dass erst zu diesem Zeitpunkt das eigentliche Abnehmen beginnt.

Bei Blitzdiäten nehmen Sie bis zu drei Kilo allein durch den Verlust an Wasser ab. Lassen Sie sich nicht täuschen. Sobald Sie wieder normal essen, haben Sie schnell Ihr altes Gewicht zurück.

Diäten für einen Tag eignen sich durchaus, um nach einem Tag des üppigen Schlemmens den Körper ein wenig zu entlasten.

*

Bewegung

Sport schützt Ihre Muskelmasse während einer Diät davor, als Energiereserve verbrannt zu werden.

Bewegung unterstützt jede Diät. Wenn Sie keinen Hochleistungssport betreiben, verbrauchen Sie dabei zwar verschwindend wenig Kalorien, bringen aber Ihren Stoffwechsel auf Vordermann und heizen die Verbrennung an.

*

Essverhalten

Denken Sie daran: Öfter kleinere Portionen essen, macht schlank: Fünf kleine Mahlzeiten werden vom Körper besser verkraftet als drei große. Aber hüten Sie sich davor, aus den fünf kleinen fünf große Mahlzeiten zu machen. Die machen dick.

Essen Sie langsam. Denn erst nach zehn bis zwanzig Minuten setzt ein Sättigungsgefühl ein.

Essen Sie bewusst. Verzichten Sie darauf, nebenbei Zeitung zu lesen oder fernzusehen. So essen Sie nicht mehr als nötig.

Belasten Sie Ihren Magen nicht unnötig, indem Sie spät Abends noch größere Portionen essen.

*

Trinken

Ihr Körper braucht Wasser, sonst kann er kein Fett verbrennen. Deshalb trinken Sie bei jeder Diät reichlich. Möglichst zwei Liter am Tag Wasser, Kaffee oder Tee.

Wenn Sie ein Glas Wasser vor dem Essen trinken, dämpfen Sie Ihren Hunger und essen während der Mahlzeit weniger.

*

Verdauung

Wenn Sie nicht „müssen", brauchen Sie nicht mit Gewalt zu reagieren. Die Norm einer täglichen Stuhlentleerung gilt längst nicht für alle Zeitgenossen. Wenn Sie sich mit einer Verdauung, die regelmäßig jeden zweiten oder dritten Tag erfolgt, bei Ihrer Diätkur wohlfühlen, dann erzwingen Sie nicht (mit Abführmitteln) den täglichen Stuhlgang. Dazu raten Stoffwechsel-Experten.

*

Schlank bleiben

Essen Sie auch nach Ihrer Diät fettärmer und kalorienbewusster als vor der Diät. Wenn Sie wieder wie vorher essen, werden Ihre Fettzellen sofort wieder größer und Ihr Gewicht steigt enorm an.

Behalten Sie Ihre geänderten Essgewohnheiten bei und wählen Sie bewusster Ihre Speisen aus. Um zu wissen, was Sie dick macht, sollten Sie sich intensiv mit den Inhaltsstoffen der einzelnen Lebensmittel auseinander setzen.

Umgehen Sie dauerhaft Situationen, in denen Sie gewöhnlich zum Essen neigen, oder suchen Sie sich Alternativen zum Essen, um Ihren inneren Druck abzubauen.

*

Ananas-Diät

Lange Zeit galten die Enzyme in der Ananas als fettabbauend. Da diese Frucht zudem noch wenig Kalorien hat, 100 Gramm haben bloß 57, galt eine Ananas-Diät als die ideale Form zum Abnehmen. Aber spätestens im Magen verlieren Enzyme ihre Wirkung, so dass der Erfolg einer solch einseitigen Diät allein darauf gründet, dass Sie, wenn Sie ausschließlich Ananas essen, Ihren Appetit verlieren und wenig Kalorien zu sich nehmen.

Apfel-Diät

Bei dieser für Ihren Körper überaus strapaziösen Rosskur sind pro Tag sechs Äpfel, dazu Apfelschalentee in beliebiger Menge erlaubt. Wie bei allen Kurz-Diäten führt sie zu kurzfristigem Gewichtsverlust. Sie sollten eine Apfel-Diät nur dann durchführen, wenn Sie in guter körperlicher Verfassung sind, und in keinem Fall länger als zwei Tage dauern lassen.

Essen Sie am folgenden Tag möglichst leichte Speisen, um Ihren Magen zu schonen.

*

Apfel-Eier-Diät

Vorausgesetzt Sie haben einen stabilen Kreislauf und sind kerngesund, dann dürfen Sie bei dieser Diät einen Apfel mit einem hartgekochten Ei essen, sooft Sie hungrig sind. So verlieren Sie kurzfristig bis zu zwei Kilo.

Ernähren Sie sich in keinem Fall länger als zwei Tage auf diese Weise oder verzichten Sie am besten ganz auf diese radikale Kurzkur. Denn gesund nehmen Sie so nicht ab.

Und Vorsicht: Hören Sie sofort mit dieser Diätform auf, wenn Sie merken, dass Ihnen übel wird.

*

Atkins-Diät

Sie gehört zu den einseitigen Schlankheitskuren. Hier sind alle Kohlehydrate verbannt, aber Fette in Hülle und Fülle erlaubt. Unter das Verbot von Kohlehydraten fallen auch Obst und Gemüse, so dass Ihr Körper auf die darin enthaltenen Mineralstoffe und Vitamine verzichten muss. So stellt er sich völlig auf die Verbrennung von Fett um und Sie nehmen tatsächlich ab. Zunächst nur Wasser, später auch Fett.

Für Übergewichtige ist es sehr gefährlich, so viel Fett zu essen, wie sie wollen. Denn die einseitige fettreiche Ernährung belastet Herz, Kreislauf und Leber, begünstigt den Bluthochdruck und lässt den Cholesteringehalt im Blut steigen.

Folgen Sie dem Rat von Fachleuten und absolvieren Sie diese keineswegs gesunde Diät lieber nicht, doch wenn, dann maximal drei Wochen lang.

*

Bananen-Milch-Diät

Diese Kurz-Diät ist zwar für Menschen mit empfindlichem Magen bekömmlich, aber keine gesunde Alternative zum Abnehmen. Hier dürfen Sie morgens, mittags und abends eine große Banane und einen Viertelliter Milch zu sich nehmen und zwischendurch beliebig große Mengen Kaffee oder Tee trinken. Natürlich ohne Zucker.

Wie bei allen Kurz-Diäten sollten Sie in jedem Fall gesund sein, wenn Sie sich hierzu entschließen, und den Zeitraum nicht über zwei Tage hinaus ausdehnen.

*

Bier-Diät

Hier werden sicher Liebhaber dieses Getränkes hellhörig. Bei dieser Diät dürfen Sie nichts anderes als Bier zu sich nehmen und müssen an zwei aufeinander folgenden Tagen morgens, mittags und abends je zwei Liter Bier trinken.

Aber Vorsicht: Auf gesunde Art und Weise verlieren Sie hier keine Pfunde. Denn zwei Liter Bier haben 80 bis 90 Gramm reinen Alkohol. Das ist die absolute Höchstgrenze an Alkohol, die ein Mensch vertragen kann, ohne Gesundheitsschäden zu erleiden. Ärzte raten deshalb von einer solchen Strapaze für den Körper ab.

Brigitte-Diät

Diese Diät orientiert sich stets an neuesten Erkenntnissen der Ernährungswissenschaft. Nachdem Sie jetzt noch einmal kräftig auf Fett verzichtet hat, ist sie eine fettarme und vitalstoffreiche Diät, die aufgrund ihrer hohen Mengen an Kohlehydraten auch satt macht.

Wenn Sie nach den Rezepten der Brigitte-Diät kochen, müssen Sie sich nicht an eine bestimmte, vorher festgelegte Reihenfolge von Gerichten halten, sondern dürfen aus dem Fundus der Rezepte wählen. Quasi nebenbei lernen Sie dabei, wie sie schnell und lecker auch ohne präzise Angaben kochen können.

Auch wenn Sie berufstätig sind, können Sie diese Diät ruhig über einen Zeitraum von zwei Wochen ausdehnen.

*

Buttermilch-Kur

Auch diese Form der Diät zählt zu den radikalen Blitzdiäten und damit nicht zu den Diäten, mit denen Sie gesund Gewicht verlieren. Sie sollte aus diesem Grund – wenn überhaupt – nur von vollkommen gesunden Menschen ausprobiert werden.

Sie dürfen hier den ganzen Tag über nur Buttermilch trinken, die Sie mit Kräutern oder frisch gepresstem Obstsaft variieren können.

Hören Sie sofort mit der Kur auf, wenn Sie Verdauungsprobleme bemerken und dehnen Sie sie in keinem Fall über zwei Tage hinaus aus. Am besten aber verzichten Sie auf diese einseitige Blitzkur.

*

Cooley-Diät

Diese Art, Kilos zu verlieren, gehört ebenfalls nicht zu den empfehlenswerten

Varianten. Hier sollen Sie nämlich viel Eiweiß, unter anderem in Form von fettarmen Steaks und Eiern ganz ohne Fette, zu sich nehmen. Brot und Zucker sind aber verboten. Diese Ernährung lässt zunächst Muskelgewebe und erst später Fettgewebe verschwinden, greift aber vor allen Dingen wegen der fehlenden Kohlehydrate die Kraftreserven Ihres Körpers an.

Um den Mangel weiterer lebenswichtiger Stoffe auszugleichen, werden zusätzlich Multivitaminsäfte empfohlen.

Nehmen Sie lieber auf eine andere Art ab. Die große Menge Eiweiß samt ihren Abbauprodukten beeinträchtigt Ihren Stoffwechsel. Das belastet die Nieren. Außerdem besteht die Gefahr, dass durch fehlende Ballaststoffe bald Ihre Verdauung aus dem Gleichgewicht gerät.

*

Eier-Diät

Bei dieser einseitigen und ungesunden Form des Abnehmens dürfen Sie ausschließlich Eier, ein wenig Salat und Obst, aber überhaupt kein Fett essen. Deshalb werden Sie mit Sicherheit satt. Doch diesen scheinbaren Vorteil sollten Sie ohne Bedenken ignorieren.

Die Mengen an Cholesterin in den Eiern und die fehlenden Kohlehydrate führen nämlich zu Nährstoffmangel und oft zu einem erhöhten Cholesterinspiegel, machen Ihre Muskeln träge und stimmen Sie sehr übellaunig.

*

Eiweiß-Diät

Hier dürfen Sie zwar viel Fleisch, Fisch, Obst und Gemüse essen, sollen jedoch den Verzehr von Brot, Nudeln, Kartoffeln und Fetten einschränken. Durch diese Ernährung werden Sie zwar satt, doch entnehmen Sie

Ihrem Körper alle Kohlehydratreserven. Das führt zunächst zu einem schnellen Gewichtsverlust, da Ihr Körper viel Wasser verliert.

Nach und nach verlieren Sie Pfunde durch den Abbau von Muskelmasse und von Fettpolstern.

Diese eiweißbetonte Ernährung ist auf Dauer nicht gesund. Sie kann zu Gichtschüben und Nierenschäden führen. Hören Sie deshalb spätestens nach zwei Wochen mit dieser Diät wieder auf.

*

Eskimo-Diät

Wenn Sie Fisch mögen, schätzen Sie vielleicht diese Form des Abnehmens. Denn hier liegt der Schwerpunkt auf dem Verzehr von frischem oder auch tiefgekühltem Fisch, von Salat, ein wenig Gemüse und für zwischendurch von Obst. So erhalten Sie überaus gesunde Fettsäuren, die sich nicht in den Zellwänden absetzen, den Cholesterinspiegel senken, wichtige Hormone bilden und den Stoffwechsel anregen.

Durch das Verbot von süßen und fetten Lebensmitteln nehmen Sie pro Tag rund 1200 Kalorien zu sich. Das lässt Sie natürlich dünner werden.

Doch Vorsicht: Da wichtige Vitamine und Inhaltsstoffe, vor allem aber Kohlehydrate fehlen, kann es passieren, dass Ihre Leistungskraft nachlässt.

Achten Sie in jedem Fall darauf, dass Sie nicht zu viel Stress und Anstrengung während dieser Diät zu bewältigen haben.

*

FdH-Diät

„Friss die Hälfte" ist nur dann gut, wenn Sie den Konsum von Fetten und Kohlehydraten um die Hälfte einschränken – nicht aber den von Gemüse, Salat, Früchten und Milch – und wenn Sie für genügend Eiweißzufuhr sorgen.

Essen Sie also lieber nicht von allen Produkten die Hälfte, sondern von den richtigen Dingen die doppelte Menge.

*

Fit-for-Life-Diät

Eigentlich versteht sich die Fit-for-Life-Bewegung nicht als Diät, sondern als eine alternative Ernährungsform, durch die auch Pfunde purzeln. Sie fordert, Eiweiße und Kohlehydrate in den Mahlzeiten zu trennen, und erlaubt bis mittags nur Obst, anschließend Salat und erst am Abend Fleisch oder Fisch zu essen.

Natürlich nehmen Sie dabei ab, und zwar durchaus auf gesundem Wege.

Aber: Der Empfehlung der Fit-for-Life-Ernährung, Milch und Milchprodukte wegen ihrer angeblichen Schädlichkeit wegzulassen, sollten Sie auf keinen Fall folgen. Der Körper braucht das darin enthaltene Calcium zum Aufbau von Knochen und Zähnen.

Auch die unverständliche Forderung, destilliertes Wasser zu bevorzugen, sollten Sie ignorieren.

*

Formula-Diät

Bei dieser Art von Diät können Sie in gesundheitlicher Hinsicht grundsätzlich nichts falsch machen. Denn unter dieser Bezeichnung sind alle fertigen, nach den bestehenden Diätgesetzen zubereitete Diäten zusammengefasst, die in

Apotheken, Drogerien oder Reformhäusern zu kaufen sind.

Hierbei müssen Pulver in Flüssigkeit angerührt werden, die mit allen wichtigen Inhaltsstoffen wie hochwertigem Eiweiß, wertvollen Fettsäuren, Kohlehydraten und den wichtigsten Nährstoffen versetzt sind. Dementsprechend laufen selbst Kochmuffel keine Gefahr, bei einer solchen Diät Mangelerscheinungen zu bekommen.

Sie lernen auf diesem Wege nicht, sich dauerhaft gesund und kalorienbewusst zu ernähren. Die Folge: Ein meist nur kurzfristiger Erfolg beim Abnehmen.

Da nur begrenzte Geschmacksvarianten der Pulver zur Verfügung stehen, macht Abnehmen durch Formula-Diäten auf längere Sicht gesehen keinen Spaß. Das vergrößert die Gefahr, die Diät abzubrechen.

F-Plan-Diät

Nach der F-Plan-Diät sollten Sie pro Tag bis zu 50 Gramm Ballaststoffe durch Vollkornbrot, Gemüse, Obst, Hülsenfrüchte und anderes zu sich nehmen. Diese Nahrungsmittel helfen Ihnen in Verbindung mit der geringen Aufnahme von Fett auf gesundem Wege abzunehmen. Zusätzlich zum Abnehmen stärken Sie durch eine solche Diät ihr Herz und Ihre Gefäße.

Wählen Sie die 1500 Kalorien Version, wenn Sie über einen längeren Zeitraum mit dieser Diätform Pfunde abspecken möchten.

Vergessen Sie auf keinen Fall das Trinken. Gerade bei ballaststoffreicher Nahrung wird viel Flüssigkeit zum Quellen benötigt.

Wenn Sie einen empfindlichen Magen und Darm haben, könnten Sie aber auch bei ausreichender Versorgung mit Flüssigkeit wegen der großen Mengen an Ballaststoffen Probleme bekommen.

Herbalife

Diese zu den Formula-Diäten zu rechnende Diät bekommen Sie nur über die Vertreter der Herbalife, die in ganz Deutschland herumfahren. Sie ist nicht in Apotheken oder Reformhäusern zu erwerben.

Wie alle Formula-Diäten ist auch sie nicht gesundheitsschädlich. Da man durch sie aber keine alternative und schlankere Ernährungweise erlernt, führt sie auf dem Weg zum gesunden Schlankbleiben nicht weiter.

*

Hollywood-Diät

Diese eiweißreiche und fettarme Diät stammt aus den Glanzzeiten Hollywoods. Mit ihr reduzierten Filmgrößen wie Liz Taylor ihr Gewicht, und sie gilt auch heute noch oft als die klassische Diät.

Hier dürfen Sie viele Luxus-Lebensmittel wie Austern, Lachs oder Steaks genießen, müssen aber sparsam mit Kohlehydraten umgehen, da diese seinerzeit als Dickmacher galten.

In der Regel dürfen Sie nicht mehr als 500 Kalorien pro Tag aufnehmen. Eine überaus geringe Menge, die zwar sicherlich Übergewicht hart zu Leibe rückt, aber nicht empfehlenswert ist. Sie sollten stets mindestens 1200 Kalorien täglich verzehren, um leistungsfähig und gesund zu bleiben.

Abgesehen davon, dass die Vorstellung von Kohlehydraten als Dickmacher heutzutage als falsch erwiesen ist, kommt Sie diese Diät teuer zu stehen. Bedenken Sie das, bevor Sie eine Hollywood-Diät anfangen.

Das Ungleichgewicht von Eiweiß und Kohlehydrate führt außerdem dazu, dass Ihr Stoffwechsel durcheinander gerät und Sie schlechte Laune bekommen.

*

Humplik-Diät

Bei dieser Diät sollen Sie so viel wie möglich essen. Wichtig ist jedoch, dass Sie alles, was Sie essen, in möglichst schwer verdaulicher Form zu sich nehmen: Obst und Gemüse möglichst roh und ungeschält, Fleisch weiderum kalt. Dadurch soll angeblich der Energieverbrauch des Verdauens höher sein als die Energiemenge der gegessenen Produkte, was letztendlich zu Gewichtsverlust führen soll.

Versuchen Sie eine solche Diät erst gar nicht. Selbst wenn Sie über eine ausgezeichnete Konstitution und einen eisernen Magen verfügen, fördert diese

Art des Abnehmens in keiner Weise
Ihre Gesundheit.

*

Kartoffel-Diät

Obwohl die Kartoffel pro Kilo nur 700 Kalorien hat und über wichtige Mineralstoffe und Vitamine, aber nur über ein Gramm Fett verfügt, ist eine solche Diät wie alle einseitigen Diätformen auf Dauer nicht gesund.

Während dieser Diät sollen Sie außer Pommes, Bratkartoffeln und Kartoffelchips Kartoffeln in jeglicher Variante essen.

Decken Sie Ihren Bedarf an Eiweiß zusätzlich durch fettarmen Joghurt, Milch und Magerquark. Dann bleiben Sie tatkräftig und leistungsfähig.

Doch seien Sie sich dessen bewusst, dass bei einer reinen Kartoffelernährung Mängel an den Vitaminen A, E und D sowie in der Versorgung mit Eisen bestehen bleiben.

*

Köhnlechner-Diät

Nach Köhnlechner macht allein die Kombination von Kohlehydraten und Fett dick. Deshalb empfiehlt er, beide Stoffe nicht zusammen zu essen, hat aber nichts dagegen, sie getrennt zu sich zu nehmen. Kartoffeln zusammen mit Fleisch oder Nudeln zusammen mit Käsesoße gegessen, machen also dick.

Als Nierenkranker sollten Sie erst gar nicht versuchen, mit der Köhnlechner-Diät abzuspecken. Aber auch als Gesunder nehmen Sie besser von dieser veralteten Trenn-Diät Abstand, obwohl natürlich die Tatsache, beim Abnehmen keine Kalorien zählen zu müssen, durchaus verlockend ist.

Lutz-Diät

Sie ist eine Form der Atkins-Diät, die jedem gefallen wird, der gerne Fleisch ist. Erlaubt sind Fleischgerichte bis maximal 1200 Kalorien. Da diese Diät auf dem Irrglauben basiert, Kohlehydrate machten dick, untersagt sie Obst, Gemüse, Salat, Kartoffeln und Getreideprodukte. Das macht sie zu keinem gesunden und guten Weg, Pfunde zu verlieren.

Es besteht bei einer solchen Ernährungsform nicht nur die Gefahr einer Mangelversorgung mit Vitaminen und Mineralstoffen, sondern auch die hohe Wahrscheinlichkeit, dass Sie Ihre gute Laune verlieren. Denn ein Mangel an Kohlehydraten führt unweigerlich zu schlechter Laune.

*

Mayo-Diät

Diese Diät zählt zu den einseitigen Blitzdiäten und ist keine gesunde Empfehlung zum Abnehmen. Hier essen Sie vorwiegend sehr eiweißreiche Kost: viele Eier und fettarmes Fleisch oder Fisch, ein paar Kartoffeln und ein wenig Gemüse. Sie vermeiden Fett und müssen versuchen, bei einer Höchstgrenze von 1000 Kalorien pro Tag satt zu werden. Kein leichtes Unterfangen.

Ziehen Sie unbedingt in Betracht, dass Sie bei dieser Ernährung nicht in ausreichendem Maß mit allen wichtigen Nährstoffen versorgt werden.

Wenn Sie Probleme mit Ihren Cholesterinwerten haben, sollten Sie diese Diätform in jedem Fall vermeiden.

*

Obsttag

Ein Obsttag eignet sich prima als Entschlackungskur, besonders nach Feiertagen oder üppigen Essgelagen.

Mit einem reinen Obstag pro Woche oder pro Monat entschlacken Sie Ihren Körper von Stoffwechselrückständen, tanken Vitamine und Mineralstoffe und regulieren oder halten Ihr Gewicht.

An einem Obsttag dürfen Sie gut drei Pfund Obst Ihrer Wahl verzehren, dazu Mineralwasser oder Kräutertees trinken. Am besten nehmen Sie mindestens fünf oder sechs kleine Mahlzeiten zu sich. Auf diese Weise schonen Sie Ihren Körper und vermeiden aufkommende Hungergefühle.

Verwenden Sie ausschließlich reife Früchte für einen Obsttag und waschen Sie das Obst gründlich.

Es gibt auch Obsttage, an denen man nur eine bestimmte Fruchtart zu sich nimmt, nur Äpfel oder Weintrauben zum Beispiel. Dabei sollte die Gesamtmenge ebenfalls drei Pfund betragen. Wahrscheinlich zeigt Ihre Waage am nächsten Tag ein Pfund weniger an.

Obsttag-Kenner versüßen sich diese Diät mit einem Stück Zwieback oder einem Knäckebrot.

Am günstigsten wählen Sie einen Tag, an dem es ruhig zugeht und von Ihnen keine besonderen Hochleistungen erwartet oder verlangt werden.

Der Obsttag ist ein bewährtes Schlankheitsmittel für das kurzfristige Abnehmen oder zur Regulierung von geringem Übergewicht. Aber er ist eben auch eine einseitige Mangeldiät und nicht geeignet für eine vernünftige, geduldige,

allmähliche und
gesunde Gewichtsregulierung.

*

Pritkin-Diät

Nehmen Sie höchstens zehn Gramm Fett und 1000 Kalorien pro Tag zu sich. Dann hungern Sie nach der Pritkin-Diät.

Sie dürfen Gemüse, Obst, Fleisch und Fisch essen, aber keine süßen Sachen, Salz, Tee, Kaffee oder Alkohol.

Treiben Sie dazu Sport. Doch Sie werden merken: Noch bevor Sie richtig warm geworden sind, verspüren Sie schon Hunger. Diese fast fettarme, magere Kost sättigt niemanden auf Dauer. Das Abnehmen wird zur Qual. Lassen Sie lieber die Finger davon.

*

Psycho-Diäten

Versuchen Sie, sich falsches Essverhalten bewusst zu machen und daraus Konsequenzen für ein gesünderes Essverhalten zu ziehen. Dann specken Sie gemäß einer Psycho-Diät ab.

Versprechen Sie sich nicht zu viel von einer solchen Diät. Gewiss ist es sinnvoll, sich besser zu ernähren, doch allein die Erkenntnis von falschem Essverhalten kann nicht dünner machen, sondern nur Hilfestellung beim eigentlichen Vermeiden von Dickmachern bieten.

Wenn Sie Ihren festen Willen daransetzen, nicht mehr zu essen, als Ihr Körper braucht, und immer das Richtige zu essen, dann ist allerdings schon viel gewonnen.

*

Punkt-Diät

Furore machte vor längerer Zeit diese Form des Abnehmens, die nach einem bestimmten System kohlehydratreichen Nahrungsmitteln Punkte zuteilt, alle anderen Lebensmittel jedoch bei der Punkteverteilung unberücksichtigt lässt.

Sie dürfen nun pro Tag nur eine bestimmte Punktzahl an Speisen verzehren. Das bedeutet, dass Sie zwar eine beliebige Menge Fett und Eiweiß zu sich nehmen, aber an Kohlehydraten sparen. Damit setzen Sie sich bewusst der Gefahr von erhöhten Cholesterinwerten und einer Mangelernährung aus. Davon kann aber nur abgeraten werden.

Außerdem birgt diese höchst einseitige kohlehydratreiche, aber sehr fetthaltige Kost besonders für Ihr Herz hohe Risiken.

*

Reis-Diät

Um gesund abzunehmen, versuchen Sie doch eine Diät mit Reis. Allerdings sollten sie dabei unbedingt Vollkornreis verarbeiten, um die Versorgung mit Vitaminen aus der B-Gruppe sicherzustellen.

Da Vollkornreis schnell ranzig wird, verbrauchen Sie ihn möglichst schnell.

Der gewöhnliche Reis, den wir gemeinhin essen, ist der weiße polierte Reis, der leicht verdaulich ist und auch satt macht, aber kaum noch lebenswichtige Stoffe enthält. Deshalb ist er nicht als Grundlage für Ihre Reis-Diät zu empfehlen.

Vorteilhaft an dieser Diät ist die große Variationsvielfalt der Gerichte. Ob Sie nun Milchreis essen, oder Reis mit Erbsen oder Hühnerfrikassee, stets werden Sie mit nur wenigen Kalorien satt. Dafür sorgt die Stärke in Reis.

Kombinieren Sie die Gerichte auch mit frischem Salat oder Obst. 1500 Kalorien sollten Sie pro Tag nicht unterschreiten.

Aber ein Reis-Tag mit etwas Obst allein macht Sie nicht schlank, auch wenn er dem Körper eine flüssigkeits- und oft kochsalzarme Kost liefert. Das fördert zwar die Wasserausscheidung und es kommt ein messbarer Gewichtsverlust zustande, doch die Fett-Vorratslager werden nicht angetastet.

*

Safttag

Diese Form des Abnehmens stellt an Ihren Körper enorme Anforderungen, so dass Sie an diesem Tag möglichst wenig Belastungen ausgesetzt sein sollten.

Zum kurzfristigen Entschlacken und
Abnehmen ist ein Safttag ein gutes
Mittel, doch für ein langfristiges
und gesundes Abnehmen
eignet er sich nicht.

Mehr als einen Safttag pro Woche
sollten sie nicht einlegen.

Nach einem Safttag können Sie bis
zu 1,5 Kilo Gewicht verlieren. Das ist
auf den hohen Kalium- und den niedrigen
Natriumgehalt von Obst- und
Gemüsesäften zurückzuführen.
Kalium schwemmt nämlich in großen
Mengen Wasser aus Ihrem Körper
und mit ihm Schlackstoffe.

Am besten pressen Sie für einen Safttag
frisches Obst und Gemüse aus. Trinken
Sie den Saft sofort nach dem Pressen.
Sonst verliert er viele wichtige Vitamine.

Mischen Sie sich aus verschiedenen Fruchtsäften einen leckeren Cocktail. So bringen Sie ein wenig mehr Genuss in den Safttag.

Spülen Sie sich nach Traubensaft den Mund aus. In den Trauben sind Säuren, die den Zahnschmelz angreifen können.

Wenn Sie Frucht- oder Gemüsesäfte kaufen, dann achten Sie auf jeden Fall auf das Etikett und wählen Sie ungezuckerte Säfte.

Sie können so viel Mineralwasser und Kräutertee trinken, wie Sie möchten und vertragen.

*

Schroth-Kur

Die Schrothkur hat nichts mit Schrot zu tun. Erfunden hat sie vor 150 Jahren der Natur-Arzt Johann Schroth. Sie ist eine fett-, eiweiß- und salzarme Kohlehydrat-Kost.

Hier wechseln Sie „Trink- und Trockentage" ab. Dieser Wechsel entschlackt, lässt abnehmen und hilft dem Stoffwechsel.

Um Ihnen einen kleinen Einblick zu geben: Erster Tag um 4.30 Uhr Eiswickel, zum Frühstück ein trockenes, salzloses Brötchen und Hagebuttentee. Dann Rad fahren, schwimmen, wandern. Als Getränke ungefähr sechs Glas Wein, außerdem Mineralwasser. Kein Mittagessen. Am Abend zwei Scheiben Toast mit geriebenen Karotten und Schnittlauch. Zwischendurch ein „Trockentag": lediglich sechs Wacholderschnäpse – sonst nichts.

Natürlich nehmen Sie bei einer derart reduzierten Kalorienzufuhr (am Trinktag sind es ungefähr 1200 Kalorien, am Trockentag nur 700) schnell ab, doch nährstoffarmes Essen, kaum Vitalstoffe und zu viel Alkohol können Ihrer Leber schaden.

Eine richtige Schroth-Kur dauert drei Wochen und sollte unbedingt unter ärztlicher Aufsicht, am besten in einer Kurklinik erfolgen.

In keinem Fall ist diese Kur dazu geeignet, über einen längeren Zeitraum hinweg gesund und dauerhaft abzunehmen.

*

Trauben-Diät

Da Trauben das Herz kräftigen, das Blut reinigen, den Stoffwechsel beflügeln und eine leicht abführende Wirkung haben, wird bisweilen auch zu einer Trauben-Kur übers Wochenende als kurzfristige Schlankheits-Diät geraten.

Essen Sie morgens, mittags und abends je 300 Gramm Trauben sowie zusätzlich eine Scheibe Knäckebrot – außer am Morgen. Trinken Sie zu den Mahlzeiten und zwischendurch warmen Kräutertee.

So verlieren Sie zwar kurzfristig, aber nicht gerade gesund an Gewicht: Wenn Sie langfristig Pfunde verlieren möchten, sollten Sie auf eine gesündere Art abnehmen.

Wenn Sie sich zu einer solchen Rosskur entschließen, stellen Sie sich schon vorher auf deren Eintönigkeit ein.

*

Weight-Watcher-Programm

Wenn Sie innerhalb einer Gruppe besser abnehmen können, dann schließen Sie sich doch den Weight Watchers an. Hier treffen Sie auf Gleichgesinnte und können sich über Ihre Erfahrungen und Probleme beim Abnehmen austauschen.

Dort werden Sie während der ganzen Zeit Ihres Abnehmens betreut, erhalten Vorgaben, nach denen Sie sich richten können, und richten sollten, und die auf den Zeitpunkt Ihrer Diät zugeschnitten sind.

Bei den Weight Watchers dürfen Frauen rund 1300, Männer etwa 1600 Kalorien pro Tag essen. Welche Nahrungsmittel Sie aber essen, bleibt Ihnen dabei völlig frei überlassen. Verbote gibt es nicht. Lediglich Fette und Eiweiß sollten je zur Hälfte tierisch und pflanzlich sein. So bleibt eine große Vielfalt im Menüplan.

Sie erhalten dort auch Hilfe, um Ihr Wunschgewicht zu halten.

*

Wochenend-Diäten

Grundsätzlich sollten Sie wissen, dass Sie durch jede Art von einseitiger Ernährung immer nur kurzfristig abnehmen, und die Gefahr besteht, im Anschluss wieder sehr schnell Ihr altes Gewicht zu haben.

Wenn Sie zwischendurch abnehmen möchten, machen Sie doch eine Wochenend-Kur mit einer Diät, die Ihnen zusagt. Fragen Sie am besten vorher Ihren Arzt um Rat.

Am Wochenende können Sie sich eine solche Kur eher leisten, weil Sie nicht unter Stress stehen und niemand im Büro unter Ihren Launen leiden muss. Doch warnen Sie vorher Ihre Familienangehörigen oder Freunde.

Für Wochenend-Kuren bieten sich Apfel-, Buttermilch-, Milch-, Gemüse-, Haferflocken-, Obst-, Reis-, Sauerkraut- oder Trauben-Diäten an.

Wochenend-Kur heißt Zwei-Tage-Kur – keinen Tag länger. Achten Sie sorgsam darauf, Ihren Magen nach einer Wochenend-Kur wieder langsam an Normalkost zu gewöhnen.

Säfte ohne Zauberkräfte

Die besten Tipps zum Fasten

Grundsätzliches

Fasten wird schon lange dazu benutzt, schwere, auf Fehlernährung zurückgehende Krankheiten wie Fettsucht oder Gicht zu behandeln.

Wenn Sie fasten, sollten Sie stets viel Flüssigkeit zu sich nehmen.

Allein um abzunehmen, ist Fasten nicht gedacht. Vielmehr sollen hierbei Körperkräfte mobilisiert und Schlacken im Körper abgebaut werden. Viele Experten bestreiten jedoch, dass es überhaupt Schlacken im menschlichen Körper gibt.

Beginnen Sie jede Fastenkur mit einem Entlastungstag und entleeren Sie Ihren Verdauungstrakt mit Glaubersalz. Bereiten Sie Ihren Magen nach dem Fasten mit mehreren Aufbautagen wieder auf normale Speisen vor.

Wundern Sie sich nicht, wenn sich Ihre Laune während des Fastens häufig ändert. Das ist ein normaler Prozess.

Bei vielen lässt während des Fastens die Konzentrations- und Leistungsfähigkeit nach. Deshalb sollten Sie sich freie Tage für das Fasten auswählen.

Experten raten, einen Zeitraum von zehn bis zwölf Tagen beim Fasten nicht zu überschreiten.

Fasten Sie während der Schwangerschaft oder Stillzeit auf keinen Fall. Denn durch den Abbau von Fettzellen gelangen die in den Fettzellen enthaltenen Giftstoffe in die Blutbahn und somit zum Un- bzw. Neugeborenen.

Da es während des Fastens auch zu Stoffwechselstörungen, Problemen mit der Nierenfunktion und zur Überbelastung des Herzens kommen kann, sollten Sie vor dem Fasten stets Ihren Arzt um Rat fragen und sich währenddessen unter seine Aufsicht stellen.

Nach dem Fasten müssen Sie für gewöhnlich weit weniger essen als vorher, um satt zu werden. Das hilft beim Schlankbleiben.

*

Buchinger-Fasten

Diese Fastenform wurde Anfang des 20. Jahrhunderts von dem Arzt Dr. Otto Buchinger nicht zur Gewichtsreduzierung entwickelt, sondern zur Behandlung von rheumatischen Beschwerden, Stoffwechselleiden und Kreislauferkrankungen.

Sie dürfen hier nur Getränke wie Mineralwasser, Tee, Gemüsebrühe, Säfte und ab und zu Buttermilch zu sich nehmen.

Decken Sie möglicherweise auftretende Mangelerscheinung im Vitamin- und Mineralsstoffhaushalt durch die zusätzliche Einnahme von Vitamin- und Mineralsstofftabletten ab.

Bewegen Sie sich viel und entspannen Sie während der Fastenzeit.

Gestalten Sie den Übergang vom Fasten zum normalen Essen so schonungsvoll wie möglich.

*

Heilfasten

Auch diese Art des Fastens sollten Sie unbedingt vom einem Arzt betreuen lassen, am allerbesten aber in einer speziellen Klinik unter permanenter Beobachtung vornehmen.

Zu Heilfasten wird hauptsächlich geraten, um chronische Krankheiten, Stoffwechselerkrankungen und Störungen im Bewegungsapparat zu behandeln.

Während der Fastentage dürfen Sie keine feste Nahrung zu sich nehmen, sondern nur trinken: Mineralwasser, Kräuter- und Früchtetees, Gemüsebrühen und Gemüsesäfte, auch leichte Fruchtsäfte stehen auf der Getränkeliste.

*

Molkefasten

Trinken Sie über den Tag verteilt einen Liter Molke, den Sie durch frische Säfte und Kräutertees anreichern.

Feste Nahrung ist während der Fastentage nicht zulässig.

*

Null-Diät

Die Null-Diät ist eine Fastenkur, bei der Ihnen schlichtweg jede Nahrung entzogen wird. Deshalb passt sie nicht in den Rahmen einer vernünftigen und gesunden Gewichtsabnahme, sondern kann überaus gefährlich sein.

Sie dürfen nur energiefreie Getränke trinken, davon aber mindestens zwei bis drei Liter: Mineralwasser, Tees, Gemüsesäfte und bisweilen stark verdünnte Fruchtsäfte.

Da starke Mangelerscheinungen in Bezug auf Vitamine und Mineralstoffe auftreten können, ist es wichtig, eine zusätzliche Versorgung mit diesen lebenswichtigen Stoffen, beispielsweise durch Tabletten, sicherzustellen.

Aufgrund der fehlenden Nahrungszufuhr, greift Ihr Körper auf jede Energiereserve zurück, die ihm zur Verfügung steht, und verschont dabei selbst das Muskeleiweiß Ihres Herzens nicht.

Machen Sie sich auf Schwindelanfälle, starken Blutdruckabfall, Wadenkrämpfe und starkes Frieren während einer Null-Diät gefasst.

Hunger verspüren Sie nach einer gewissen Zeit nicht mehr. Ihr Magen stellt nämlich die Produktion von Magensäure ein und auch die Speicheltätigkeit im Mund hört auf. Dazu produziert Ihr Körper Stoffe, die das Hungergefühl dämpfen.

Da während der Null-Diät Ihre Geschmacksnerven besonders sensibel sind, kann es passieren, dass Rauchern ihre Zigarette nicht mehr schmeckt. Nutzen Sie das und hören Sie mit dem Rauchen auf.

Stellen Sie sich, wenn Sie Ihrem Körper überhaupt eine solche Tortur zumuten möchten, in jedem Fall unter ärztliche Aufsicht. Am besten gehen Sie in eine spezielle Kurklinik.

Saftfasten

Saftfasten ähnelt in seiner Form stark dem Heilfasten, ist aber für rundherum gesunde Menschen gedacht.

Beginnen Sie hier mit Entlastungstagen, an denen Sie nur Obst, Rohkost oder Reis zu sich nehmen. Mindern Sie in ein bis zwei Tagen kontinuierlich Ihre Nahrungsmenge.

Während der Fastentage dürfen Sie nur Obst- und Gemüsesäfte, aber auch warme Gemüsebrühe und Kräutertees trinken. Damit führen Sie sich unaufhörlich Vitamine, Mineralstoffe und Kohlehydrate zu, so dass keine Mangelerscheinung zu erwarten steht.

*

Schleimfasten

Bei dieser Art des Fastens dürfen Sie über den Tag verteilt kleine Portionen von flüssigem Schleim zu sich nehmen. Der Schleim kann etwa aus Hafer oder auch Leinsamen hergestellt sein.

Sie sollten diese Mahlzeiten warm essen.

Darm- und Magenempfindlichen ist diese Fastenform zu empfehlen.

Kleine Sprünge in Bauchlage

Die besten Tipps für gymnastische Übungen

Bewegung, vernünftig dosiert und den körperlichen Möglichkeiten angepasst, ist ein gutes Hilfsmittel beim Schlankwerden und Schlankbleiben. Dabei kommen gymnastischen Übungen nicht nur kalorienverbrennende, sondern auch allgemein aktivierende und die Beweglichkeit fördernde, mit anderen Worten also gesundheitsfördernde Aufgaben zu. Gezielte Übungen straffen darüber hinaus die Haut und Muskeln und tragen damit gerade beim Abnehmen flankierend dazu bei, Problemzonen in Form zu bekommen.

Für den Anfang

Denken Sie daran: Aller Anfang ist schwer. Beginnen Sie deshalb ganz langsam mit leichter Gymnastik.

Steigern Sie nur ganz allmählich und langsam den Zeitraum und die Geschwindigkeit Ihrer Übungen.

Den größten Erfolg erzielen Sie, wenn Sie regelmäßig einige Minuten am Tag trainieren. Gerade durch die Regelmäßigkeit erreichen Sie auch eine gewisse Gewohnheit, so dass Sie sich nicht ständig neu zur Gymnastik überwinden müssen.

Schon nach wenigen Übungstagen werden Sie einen Erfolg spüren, sehen können Sie ihn jedoch frühestens nach einem Monat. Doch machen Sie auch danach weiter. Sonst verfliegt schnell wieder jedes straffe Aussehen.

Vermeiden Sie gerade zu Beginn Ihres Trainings jede Form von Überanstrengung. Sie bekommen bloß Muskelkater und verlieren dann schnell die Lust weiterzumachen.

Vergessen Sie nicht, zwischen den Übungen Ihre Muskeln immer wieder zu entspannen und zu lockern: Schütteln Sie sie regelmäßig aus.

Atmen Sie gezielt und bewusst. Atmen Sie ein, wenn Sie Ihre Muskeln anspannen, und aus, wenn Sie sie entspannen. Halten Sie in keinem Fall die Luft an.

Wenn Sie möchten, machen Sie Ihre Übungen nach Musik. Das macht viel Spaß und unterstützt Ihre Dynamik.

*

Aufwärmen

Wärmen Sie unbedingt Ihre Muskeln, Sehnen und Bänder richtig auf. Sonst bekommen Sie leicht Verletzungen.

Gehen Sie einige Minuten lang im Zimmer umher, bis Ihnen so richtig warm ist. Sie können selbstverständlich auch hüpfen oder tanzen, wenn Ihnen das lieber ist.

Sie können auch ein wenig auf den Zehenspitzen wippen, die Arme kreisen lassen und versuchen, mit den Fingern auf den Boden zu gelangen, ohne die Beine ganz gestreckt zu lassen.

Sie sollten sich für die Aufwärmphase mindestens drei Minuten Zeit lassen. Danach können Sie mit den Übungen beginnen. Aber machen Sie auch dann noch schön langsam.

*

Bauch straffen

Legen Sie sich mit dem Rücken auf den Boden, stellen Sie Ihre Füße flach auf den Boden, so dass Ihre Beine angewinkelt sind, und verschränken Sie Ihre Arme vor dem Brustkorb. Heben Sie dann Ihren Oberkörper leicht an. Verharren Sie einen kurzen Augenblick in dieser Position. Wiederholen Sie diese Übung zehnmal.

Setzen Sie sich auf den Boden, stützen sich mit den Armen nach hinten ab und versuchen Sie aus dieser Position heraus, eine Weile Rad zu fahren. Achten Sie dabei unbedingt darauf, Ihren Rücken gerade zu halten.

Legen Sie sich flach mit dem Rücken auf den Boden und heben Sie sowohl Ihren Oberkörper als auch die angewinkelten Beine so weit wie möglich vom Boden. Nun strecken Sie Ihre Arme aus und bewegen Sie sie rechts an Ihren Knien vorbei. Legen Sie danach Ihren Oberkörper wieder zurück, heben ihn erneut an und wiederholen die Armführung an der linken Seite der Knies vorbei. Lassen Sie die Beine dabei stets oben und machen Sie diese Übung zehnmal.

Setzen Sie sich hin, stützen sich mit Ihren Armen hinten ab und ziehen Sie ihre Knie an den Körper, wobei Sie diese möglichst geschlossen halten sollten. Strecken Sie im Anschluss Ihre Beine gerade nach oben aus und halten Sie dabei unbedingt Ihren Rücken gerade.

Eine ganz einfache Möglichkeit, jederzeit und überall Bauchmuskeln zu trainieren, besteht darin, die Bauchmuskeln fest anzuspannen, bis zehn zu zählen und so lange die Anspannung der Muskeln zu halten. Erst danach dürfen Sie wieder entspannen. Natürlich muss auch diese Übung wiederholt werden.

Fortgeschittene können Ihre Bauchmuskeln trainieren, indem Sie sich auf den Boden setzen und Ihre Beine und Arme heben. Dann sollten Sie Ihren Oberkörper nach rechts, Ihre Beine aber nach links drehen und umgekehrt. Wichtig ist, dass Sie Ihre Bauchmuskeln bei dieser Übung anspannen und Ihren Rücken gerade halten.

*

Beine trainieren

Legen Sie sich seitlich auf den Boden und stützen sich mit einem Arm ab. Dabei sollten Ihr Ellebogen und die Schulter eine Linie bilden. Heben Sie dann möglichst gerade das oben liegende Bein so hoch, wie sie es schaffen, und halten es einen Augenblick oben, bevor Sie es wieder sinken lassen. Ihr Rücken sollte bei dieser Übung in jedem Fall gerade bleiben. Wiederholen Sie zehnmal, dann wechseln Sie die Seitenlage und üben mit dem anderen Bein.

Sie können sich auch flach auf den Bauch legen, Ihre Arme nach vorne hin ausstrecken und versuchen, ihre Beine abwechselnd gerade hoch zu heben. Sie sollten es stets einen Augenblick oben halten, dann wechseln. Um diese Übung zu erschweren, können Sie versuchen, die Beine stets über dem Boden zu halten.

Grätschen Sie Ihre Beine und stellen Sie Ihre Füße nach außen. Strecken Sie Ihre Arme und heben Sie sie auf Schulterhöhe seitlich hoch. Der Rücken muss gerade bleiben. Heben Sie nun abwechselnd eine Ferse und setzen Sie sie wieder ab.

Geübte können auch beide Fersen zugleich hoch heben.

Legen Sie sich auf den Bauch, winkeln Sie Ihre Knie an und versuchen Sie, abwechselnd Ihre Knie so weit wie möglich nach außen zu bewegen. Lassen Sie dabei Ihre Muskeln am Po angespannt.

Wenn Sie Seilchen springen, kräftigen Sie Ihre Bein- und Armmuskeln gleichermaßen und aktivieren dabei auch enorm Ihren Kreislauf. Doch Vorsicht: Wenn Sie Mitbewohner unter sich haben, sollten Sie Rücksicht auf sie nehmen.

*

Busen stärken

Stellen Sie sich mit gespreizten Beinen hin, schieben Sie Ihr Becken vor, spannen Sie dann Ihren Po und Hände einen Augenblick lang an und wiederholen Sie diese Übung zehnmal.

Sie können auch aus dieser Postition heraus Ihre Unterarme anwinkeln und zehnmal nach vorne strecken und wieder zurücknehmen. Achten Sie dabei darauf, dass Sie diese Übung kraftvoll und nicht zu schnell ausführen.

Stellen Sie sich gerade hin, umfassen Sie mit Ihren Händen jeweils das Handgelenk des anderen Arms und ziehen Sie dann die Ellebogen mit Kraft nach außen. Halten Sie eine Zeit lang in dieser angespannten Haltung aus und wiederholen Sie alles zehnmal.

Knien Sie sich hin und berühren Sie mit Ihrer Stirn den Boden. Ziehen Sie nun die gestreckten Arme gerade über die Schultern nach oben und falten Ihre Hände. Verharren Sie einen Augenblick in dieser Position und beginnen Sie dann von vorn.

Stellen Sie sich gerade hin und drücken Sie Ihre Handflächen fest gegeneinander.

Harren Sie eine Weile in dieser angespannten Haltung aus. Wenn Sie Ihre Arme nun auch noch langsam abwechselnd zu beiden Seiten bewegen, verstärken Sie den Übungseffekt.

*

Hüften formen

Spreizen Sie Ihre Beine leicht und legen Sie Ihre Hände in die Hüften. Kreisen Sie dann mit Ihrer Hüfte einmal nach rechts und dann wieder nach links. Achten Sie darauf, dass sich Ihr Oberkörper dabei möglichst nicht bewegt. So erreichen Sie ohne großen Aufwand eine Kräftigung der Hüftmuskulatur, ohne Ihre Bandscheibe einer besonderen Belastung auszusetzen.

Vielleicht haben Sie ja auch Spaß daran, einen Hula-Hupp-Reifen um sich herum zu drehen. Dadurch trainieren Sie ebenfalls prima Ihre Hüften.

Sie können sich mit dem Rücken flach auf den Boden legen und Ihre Knie anwinkeln. Dabei sollten Ihre Arme ausgestreckt neben Ihrem Körper liegen. Halten Sie nun Ihre Knie zusammen und lassen Sie sie, so weit Sie können, jeweils nach rechts oder links langsam auf den Boden sinken. Drehen Sie dabei Ihren Kopf jeweils in die andere Richtung. Auch diese Übung sollten Sie mindestens zehnmal wiederholen.

*

Po festigen

Spreizen Sie Ihre Beine, drehen Sie die Füße nach außen und umfassen Sie mit beiden Händen Ihre Ellebogen. Gehen Sie anschließend leicht in die Knie, wobei Sie Ihren Oberkörper gerade halten und den Po anspannen.

Schieben Sie aus dieser Grundstellung heraus, das heißt gespreizte Beine, Füße nach außen und verschränkte

Arme, zehnmal Ihr Becken ganz weit vor und ziehen Ihren Po dabei ein. Entspannen Sie einen Augenblick und beginnen dann von vorn.

Spreizen Sie Ihre Beine, umfassen Sie mit den Händen die Ellenbogen und gehen Sie dann ins Hohlkreuz, während die Füße nach außen zeigen. Schieben Sie nun Ihr Becken vor und zurück und machen dies zehnmal hintereinander.

Legen Sie sich flach auf den Bauch, strecken Ihre Arme nach vorne aus und halten auch Ihre Beine gestreckt. Versuchen Sie dann, Ihre Arme und Beine anzuheben. Achten Sie darauf, Ihre Füße zusammen zu lassen und den Po anzuspannen. Halten Sie nun diese Haltung bei, so lange Sie können, dann entspannen Sie wieder.

Eine andere Möglichkeit, die Pomuskulatur zu stärken, besteht darin, sich auf den Rücken zu legen, die Arme neben den Körper zu legen und die Beine so anzuwinkeln, dass die Füße flach auf dem Boden stehen. Danach sollten Sie Ihr Becken in die Höhe heben, einen Augenblick verweilen und wieder senken.

*

Training beenden

Kühlen Sie Ihren Körper nach den Übungen unbedingt auch ab. Gehen Sie dazu ein paarmal hin und her oder machen Sie leichte Dehnübungen.

Joggen und tanzen

Die besten Tipps fürs Trimmen

Die am besten für Übergewichtige geeigneten Sportarten sind solche, die möglichst viele Muskeln des Körpers in Anspruch nehmen und Herz und Kreislauf in besonderem Maße anregen. Das sind überwiegend solche, die die Ausdauer trainieren. Abgesehen vom erhöhten Verbrauch an Kalorien während des Trainings, aktivieren sie den Stoffwechsel im Allgemeinen, wodurch auch noch über einen längeren Zeitraum nach dem Training mehr Kalorien verbraucht werden. Gerade diese Sportarten verbessern zudem das Wohlbefinden und die gesundheitliche Konstitution. Zu denen gehören:

Bergwandern

Beim Bergwandern können Sie mehrere Vorteile auf einmal nutzen: Erstens bewegen Sie sich in wunderbarer Natur und finden so leicht einen inneren Ausgleich, zweitens können Sie Ihren ganzen Körper durch diese gleichmäßige Belastung trainieren.

Ziehen Sie auf jeden Fall festes Schuhwerk an, wenn Sie in die Berge gehen. Die Verletzungsgefahr ist sonst zu groß.

*

Jogging

Nicht übertrieben, stellt Jogging eine ausgezeichnete Belastungsform für Herz und Kreislauf dar. Zudem ermöglicht es einen idealen Ausgleich für jede Art von Stress.

Wenn Sie Probleme mit Ihren Gelenken haben, sollten Sie aber lieber aufs Jogging verzichten.

Laufen Sie gerade am Anfang nicht öfter als alle zwei Tage und legen Sie am besten stets einen Ruhetag zwischen Ihren Jogging-Tagen ein. Denn Laufen belastet die Gelenke und führt bei zu ungewohnter, häufiger Belastung leicht zu Verletzungen.

Bevorzugen Sie mit Rücksicht auf Ihre Sehnen, Bänder und Gelenke weiche Böden statt Asphalt und achten Sie auf sehr gute Laufschuhe, die Ihre Schritte gut abfedern können.

Durch Jogging wird dem Körper viel Sauerstoff zugeführt, den er braucht, um Fett zu verbrennen und Fettpolster abzubauen.

Beim Jogging verbrennen Sie je nach Laufgeschwindigkeit zwischen 500 und 1000 Kalorien pro Stunde.

Wenn Sie laufen, vergeht Ihnen der Hunger. Dadurch essen Sie normalerweise weniger und Sie nehmen schon allein aus diesem Grund ab.

Gerade Jogging-Anfänger haben häufig Seitenstechen. Wenn Sie die verspüren, drosseln Sie Ihr Tempo, dann lassen sie meistens bald nach.

Rad fahren

Diese Sportart ist ideal für Übergewichtige und alle, die Gelenkbeschwerden haben. Denn einerseits wird das Körpergewicht auf den Sattel verlagert, andererseits Knie und Knöchel nicht zu sehr beansprucht.

Auch bei Rückenbeschwerden hilft Rad fahren ausgezeichnet, da es neben der Bein- und Pomuskulatur auch die Rückenmuskulatur stärkt.

Durch die Stärkung von Oberschenkeln und Po legt sich auch Cellulite.

Bei regelmäßigem und gleichmäßigem Radfahren werden die Fettreserven des Körpers, vor allem die am Po und den Oberschenkeln, angegriffen und viele Kalorien verbraucht. Während einer Radfahrt von einer Stunde verbraucht Ihr Körper bei einer

Durchschnittsgeschwindigkeit von 15 Stundenkilometern rund 450 Kalorien.

Suchen Sie sich Fahrradwege, die durchs Grüne führen, und meiden Sie Fahrten über Hauptverkehrsstraßen. Durch die schöne Landschaft haben Sie mehr Spaß am Radfahren und gute Luft zum Atmen. Außerdem entgehen Sie der Gefährdung durch den Straßenverkehr und den Schadstoffen der Autos.

*

Schwimmen

Wenn Sie übergewichtig sind, sollten Sie schwimmen gehen. Dadurch entlasten Sie Ihren Stützapparat und stärken Ihr Herz sowie Ihr Abwehrsystem.

Schwimmen erhöht die Stoffwechseltätigkeit. Denn der Körper verliert im Wasser Temperatur, die es auszugleichen gilt. Da er dafür Energie aus den Fettpolstern abbaut, werden viele Kalorien verbraucht.

Suchen Sie sich zum Schwimmen Warmwassertage aus. Wenn die Wassertemperatur nämlich unter 25 Grad liegt, sollten Sie nur eine kurze Trainingseinheit einlegen. Ihr Körper kühlt sonst zu stark aus.

Ohne sich besonders anstrengen zu müssen, verbrauchen Sie beim Schwimmen durch das Angehen gegen den Wasserwiderstand je nach Geschwindigkeit bis zu 1000 Kalorien pro Stunde. Das ist mehr als bei den meisten Sportarten.

Schwimmen Sie regelmäßig am besten dreimal pro Woche. Sonst lässt der Trainingseffekt und das Purzeln der Pfunde auf sich warten.

Wählen Sie ein Schwimmbad, in dem Sie auch wirklich schwimmen können und nicht nur plantschen. Bei eingeschränkter Bewegungsfreiheit erreichen Sie nicht die zum Abnehmen nötige Pulsbelastung.

Schwimmen Sie in einem Tempo, das Ihnen angenehm ist. Sie können nach 25 Metern stets eine ganz kurze Pause machen und dann wieder 25 Meter schwimmen oder aber beständig ohne Pause maximal 20 Minuten lang schwimmen. Bei beiden Varianten bringen Sie Ihren Kreislauf gut in Schwung und verbrauchen viele Kalorien.

Gehen Sie nicht mit vollem Magen schwimmen, sondern warten Sie mindestens eine Stunde damit. Sonst kann es zu Schwindelgefühlen, Muskelkrämpfen oder Herzbeschwerden kommen.

Um Herzproblemen vorzubeugen, sollten Sie nicht sofort ins kalte Nass springen, sondern Ihren Körper vorher in jedem Fall abkühlen.

*

Skilanglauf

Fahren Sie doch im Winter einmal nicht den Berg nur hinunter, sondern belasten Sie Ihren Körper gleichmäßig und über eine gewisse Dauer beim Skilanglauf. So bewegen Sie sich rundherum gesund.

Mit Skilanglauf stärken Sie die Brust-, Bein- und Armmuskulatur, bringen aber auch Ihren Kreislauf und Ihren Stoffwechsel auf Trab. Zudem tanken Sie reichlich Sauerstoff, der Ihnen beim Verbrennen von Fettpolstern hilft.

Pro Stunde verbrauchen Sie rund 800 Kalorien, wenn Sie Skilanglauf betreiben.

Auch in fortgeschrittenerem Alter können Sie diesem Sport noch nachgehen. Denn im Vergleich zu anderen Sportarten ist hier die Verletzungsgefahr relativ niedrig.

*

Tanzen

Wenn Sie auch nur ein wenig musikalisch sind, sollten Sie sich diese Bewegungsart zu Eigen machen. Sie trainiert den Körper von Kopf bis Fuß und macht dabei auch noch ausgesprochen viel Spaß.

Wechseln Sie am besten Tänze, die Sie bereits beherrschen, mit denen ab, die Sie noch üben müssen. Dann kommen Sie einerseits ins Schwitzen und verbrauchen viele Kalorien, andererseits erhöhen Sie durch immer neue Schrittfolgen Ihre Körperbeherrschung und tragen so zu Ihrem Wohlbefinden bei.

Streicheln Sie ruhig Ihre Seele durch angenehme Bewegung bei schöner Musik. Das mindert die Lust zu essen.

*

Walking

Wenn Sie täglich eine Weile das sogenannte Walking oder auch Gehen in Ihren Tagesablauf einplanen, erzielen Sie die gleiche Wirkung, wie wenn Sie alle zwei Tage bis zu 30 Minuten joggen.

Auch wenn Sie Probleme mit Ihren Gelenken haben, können Sie sich gut auf diese Weise in Form bringen und Kalorien verbrennen. Gehen ist nämlich gelenkschonend.

Nutzen Sie die Gelegenheit und bremsen Sie auf gesunde Weise Ihr Hungergefühl, indem Sie jeden Tag eine gewisse Zeit gehen.

Gehen strengt nicht besonders an.
Deshalb ist es besonders Übergewichtigen
zu empfehlen, um Ihre Kalorien
zu reduzieren.

Sparen Sie doch eine oder zwei
Bushaltestellen auf Ihrem Weg zur
Arbeit und gehen Sie diese Strecke zu Fuß.
So integrieren Sie Gehen leicht
in Ihren Alltag.

Sollten Sie an Osteoporose leiden,
gehen Sie jeden Tag. Das hilft bei der
Behandlung dieser Krankheit.

Um den Trainingseffekt zu steigern,
können Sie sich als geübter Geher auch
Gewichte um Arme und Beine binden.
So verbrauchen Sie noch mehr Energie.

Bier in die Haare, Gurken aufs Gesicht

Die besten Tipps für gesunde Schönheitspflege

Baden

Sie sollten Ihrer Haut nicht Tag für Tag ein heißes Bad zumuten. Denn dadurch quillt sie auf und verliert große Mengen Fett. Das führt zu trockener und rissiger Haut.

Genießen Sie ein Vollbad höchstens alle drei Tage maximal 15 Minuten lang. Sonst belasten Sie zu sehr Ihren Kreislauf.

Duschen Sie sich nach einem Bad stets gründlich ab. Erst so befreien Sie sich von allen Hautschüppchen und Seifenrückständen.

Verzichten Sie, wenn Sie gesunde und natürliche Pflegestoffe verwenden, auf das Nachduschen. Sie spülen sonst die pflegenden Wirkstoffe wieder ab.

Ein Bad aus Brombeeressenzen macht Ihre Haut glatt und porentief rein.

Gegen Hühneraugen und Hautunreinheiten können Sie ein Haferstrohbad nehmen.

Ein Algenbad gibt wertvolle Aminosäuren an die Haut ab, belebt und baut sogar Fettpölsterchen ab.

Besonders gegen unreine Haut wirkt ein Baldrianbad.

Wenn Sie fettige und unreine Haut haben, sollten Sie die belebende Wirkung eines Eichenrindenbades auskosten und für Ihre Schönheit nutzen.

*

Cellulite verbessern

Durch das frauentypische schwache Bindegewebe hat fast jede Frau Cellulite. Auch jüngere Frauen mit besonders schwachem Bindegewebe bleiben davon nicht verschont.

Cellulite schadet nicht Ihrer Gesundheit, sondern ist ein rein kosmetisches Problem.

Verzichten Sie bei Ihrer Ernährung auf Fett. Denn das schwache Bindegewebe von Frauen kann prallen Fettzellen nicht widerstehen, so dass es aufquillt und sich in Hügeln aufwölbt. Bei geringerer Fettablagerung in den Zellen kann nicht so leicht Cellulite entstehen.

Mit Duschen, Massagen und Wechselbädern fördern Sie die Durchblutung und erleichtern den Abtransport von Wasser, das sich in den Zellen ablagert. Dadurch beugen Sie Cellulite vor.

Um Cellulite abzubauen, helfen Cremes kaum. Stattdessen sollten Sie sich regelmäßig bewegen und versuchen, die Haut durch Gymnastik zu straffen und die Druchblutung zu fördern.

Fahren Sie Fahrrad, laufen Sie oder gehen Sie häufig tanzen. So können Sie gegen Cellulite wirksam etwas tun.

*

Entspannen

Bei Stress und Anspannung verspannen sich Muskeln und Gewebe, die Haut verliert ihre Farbe, da die Durchblutung schlechter wird. Versuchen Sie also, sich so oft es geht zu entspannen. Dadurch verbessern Sie Ihren Teint.

Ihre Haut reagiert auf starke Belastungen häufig mit Pickelbildung. Um das zu vermeiden, sollten Sie sich regelmäßig ausruhen und versuchen abzuschalten.

Um Entspannung zu finden, können Sie sich eine lauwarme Dusche gönnen. Lassen Sie sich dabei das Wasser über Ihre Nackenpartie laufen und stellen Sie es nach und nach heißer. Trocknen Sie sich anschließend vorsichtig ab, ohne sich kalt abzuduschen.

Baden Sie mit duftenden Essenzen oder mit ätherischen Ölen. Anschließend werden Sie sich wie neu geboren fühlen.

Erlernen Sie eine der zahlreichen Entspannungstechniken wie beispielsweise Autogenes-Training oder Yoga. So können Sie bewusst entspannen.

Versuchen Sie einmal eine Fußreflexzonen-Massage. Hiermit werden nicht nur organische Krankheiten gezielt behandelt, sondern auch in ebensolcher Weise Stress abgebaut.

Viele Menschen essen sehr viel, wenn Sie unter Druck geraten oder sich in unangenehmen Situationen befinden. Um das zu verhindern, sollten Sie sich regelmäßig entspannen.

Damit reduzieren Sie Ihre Kalorienzufuhr und legen nicht an Gewicht zu.

*

Gesichtspflege

Um unreine und fettige Haut auf natürliche Weise zu reinigen, können Sie Lindenblüten, Schafgarben oder Ringelblumen benutzen. So lassen Sie Ihre Haut besonders schön und gesund aussehen.

Um die Inanspruchnahme der Haut durch das tägliche Waschen zu lindern, lässt sich ausgezeichnet verdünnter Zitronensaft, Traubensaft oder auch Apfelsaftessig als Gesichtswasser verwenden. Das verlängert die natürliche Schönheit.

Sie sollten Gesichtswasser aber in keinem Fall auf der Haut trocknen lassen, sonst entziehen Sie der Haut sehr viel Feuchtigkeit.

Mit einem warmen Waschlappen, den Sie eine Weile auf das Gesicht legen, erreichen Sie eine hervorragende Tiefenreinigung der Haut, die nach einer gründlichen Reinigung wieder in ihrer vollen Schönheit erstrahlt.

Wenn Sie keine geplatzten Äderchen im Gesicht haben, können Sie fettige Haut mit Gesichtsdampfbädern reinigen, in die Sie zur Beruhigung Kamille oder Fenchel, zur Entspannung Melisse oder zur Porenreinigung Thymianöle hineingeben.

Bei trockener Haut empfehlen sich Gesichtsdampfbäder mit Johanniskraut. Das hat heilende und belebende Wirkung.

*

Gesichtsmasken

Gönnen Sie sich ab und zu das Vergnügen und verwöhnen Sie Ihre Haut mit einer

Gesichtsmaske. Sie tun damit Ihrer Seele etwas Gutes und verbessern Ihren Teint und Ihr Wohlbefinden. Aber Vorsicht: Da sich die Struktur der Haut durch zu oft aufgetragene Masken verändert, sollten Sie sie nur selten genießen.

Da Gesichtsmasken nach ein paar Stunden ihre schön machende Wirkung verlieren, legen Sie sie am besten erst kurz vor einem wichtigen Anlass auf. Dann sehen Sie genau zum richtigen Zeitpunkt schön aus.

Gesichtsmasken, die fest werden und das ganze Gesicht abdecken, verursachen einen Wärmestau. Dadurch steigt die Durchblutung und die Spannkraft der Haut. Das anschließende Abwaschen der Gesichtsmaske kommt einem Peeling gleich. Ihre Haut strahlt natürlich schön.

Gesichtsmasken, die feucht bleiben, versorgen Ihre Haut in besonderem Maße mit Feuchtigkeit. Das lässt sie rosig aussehen.

Tragen Sie einfach Joghurt oder Quark als Gesichtsmaske auf und lassen Sie sie rund 20 Minuten einwirken. Das erfrischt ausgesprochen gut und macht auf gesunde Art schön.

Wenn Sie Ihre Haut zu reinigen beabsichtigen, können Sie bei fettiger Haut Heilerde mit Wasser und Zitronensaft mischen, bei trockener Haut sollten Sie hingegen ein pflanzliches Öl zum Mischen verwenden. Nach dem Trocknen der Maske kratzen Sie sie zunächst mit den Fingern ein wenig ab und entfernen sie anschließend mit lauwarmen Wasser.

Legen Sie Gurkenscheiben auf Ihr Gesicht. So dringen deren Vitamine in Ihre Haut und Ihre Poren verengen sich für eine Weile.

*

Haarpflege

Haben Sie trockenes Haar, sollten Sie regelmäßig Ölpackungen auf Ihre Haare auftragen. Zwar stellt sich ein Erfolg erst mit der Zeit ein, doch Ihr Haar wird glänzend schön.

Wenn Sie Ihre Kopfhaut regelmäßig massieren, regen Sie die Durchblutung der Kopfhaut an. Das hat auch positive Auswirkungen auf Ihre Haare.

Probieren Sie doch einmal ein natürliches Shampoo: Geben Sie ein ganz frisches Ei auf die Haare. Es wirkt fettlösend und gibt angegriffenem Haar auf ganz natürliche Art eine proteinhaltige Pflege. Waschen Sie dieses Shampoo aber nicht zu heiß aus. Das Eiweiß stockt sonst.

Verzichten Sie gerade bei gelockten Haaren aufs Fönen. So verringern Sie die Gefahr der Haarspaltung. Lockige Haare trocknen ohnehin schneller als glatte, die direkt am Kopf anliegen.

Bei brüchigen Haaren sollten Sie kalt gepresstes Olivenöl oder Klettenwurzelöl ins feuchte Haar einmassieren. Dadurch können Sie dem Splissen zumindest ein wenig Einhalt gebieten, wenn es schon nicht zu verhindern ist.

Eine Methode aus alter Zeit ist die Weizenkeim-Ei-Packung bei sprödem Haar. Geben Sie in 75 Milliliter Weizenöl zwei Eier und mischen beides gut untereinander. Dazu kommen einige Spritzer Zitronensaft. Massieren Sie diese Packung ins feuchte Haar und waschen Sie es nach einer halben Stunde gut aus. Ihr Haar wird dadurch ausgezeichnet vitalisiert.

Bei der Pflege von fettigem Haar können Sie mit einer Bierpackung hervorragende Erfolge erzielen. Kneten Sie einen Viertelliter Bier in das feuchte Haar ein, lassen es eine Viertelstunde einwirken und spülen es anschließend wieder gut aus. Geben Sie abermals einen Schuss Bier auf die Haarspitzen, lassen es diesmal aber eintrocknen. Durch den Hopfen im Bier wird ihr Haar nicht nur wunderschön glänzend, sondern auch leicht frisierbar. Und keine Angst: Bier in trockenem Zustand riecht nicht.

Gegen Schuppen können Sie eine Brennessel-Spülung auf den Kopf auftragen.

Auch eine Mischung aus Obstessig und warmem Wasser hilft bei der Beseitigung von Schuppen.

*

Massagen

Massagen können der Gesundheit und der Schönheit dienen, aber schlank werden Sie davon nicht.

Benutzen Sie bei Massagen stets Öl oder eine Creme. Je mehr Fett sie enthält, desto leichter geht das Massieren von der Hand.

Ruhige Musik bei der Massage verstärkt die Möglichkeit zu entspannen.

Wenn Sie Krampfadern haben, sollten Sie auf Massagen verzichten.

Massieren Sie immer zum Herz hin. Fangen Sie beispielsweise bei den Füßen an, wenn Sie die Beine massieren, oder bei den Händen, wenn Sie an den Armen zu Gange sind.

Sie können die Wirkung von Massagen am Po und den Oberschenkeln verstärken, wenn Sie einen speziellen Massagehandschuh dabei benutzen.

Um Ihren Bauch zu straffen, können Sie die Haut dort zwischen Daumen und Zeigefinger nehmen und so lange in die Höhe zupfen, bis sich die Haut rötet. So bringen Sie mehr Spannkraft in die Bauchdecke. Wenn Sie dabei zusätzlich Cremes aus Algen oder Aminosäuren benutzen, erzielen sie einen zusätzlichen Straffungserfolg.

Legen Sie beide Hände um Ihre Waden herum. Kneten Sie sie mit leichtem Druck und strecken Sie anschließend die Beine. Ziehen Sie nun Ihre Zehen mehrfach an und entspannen Sie sie wieder. So fördern Sie die Durchblutung und erleichtern das Abfließen der Lympfflüssigkeit. Dadurch werden Ihre Beine schlank.

Wenn Sie Ihre Mundpartie mit beiden Händen von oben nach unten mit einer Creme in kleinen kreisenden Bewegungen massieren, können Sie die Falten, die sich leicht von der Nase bis zum Mund ziehen, mildern. Dadurch sehen Sie gleich viel jünger aus.

*

Saunen

Wer glaubt, allein durch fleißige Saunagänge abzunehmen, der irrt gewaltig. Man verliert nur an Flüssigkeit und füllt diese am besten ganz schnell wieder auf.

Der Gang in die Sauna oder ein Dampfbad sind die besten Mittel, Ihre Haut tief und gründlich zu reinigen. Die Poren öffnen sich, überflüssiger Talg verschwindet und Hautschuppen werden abgestoßen.

Auch von innen wirkt Saunen auf Ihre Schönheit und Gesundheit positiv. Da die Durchblutung angeregt wird, wird Ihre Haut rosig.

Durch Saunabesuche werden Schlacken abgetragen. Denn die Nieren arbeiten währenddessen verstärkt und führen somit in besonderem Maße Giftstoffe aus dem Körper.

Durch regelmäßiges Saunen unterstützen Sie Ihre Abwehrkräfte und Ihr Immunsystem. Erkältungen werden seltener.

Wenn Sie während des Saunens eine Kur auf Ihr Haar auftragen, kann diese durch die Wärme ausgezeichnet in Ihr Haar eindringen. So wird es besonders schön.

Gehen Sie trocken in die Sauna. Wenn Sie sich vorher abgeduscht haben, hemmen die Wassertropfen auf der Haut zunächst die Bildung von Schweiß. Da Schweiß aber die Haut kühlt, kann es bei verminderter Schweißbildung leicht zur Überhitzung Ihres Körpers kommen.

Bleiben Sie nur so lange in der Sauna, wie Sie sich wohl fühlen. Die Verweildauer in der Sauna ist für jeden individuell verschieden.

Achten Sie auf Anzeichen Ihres Körpers für Unwohlsein: Herzrasen und flaches Atmen signalisieren Ihnen, dass Sie genug haben.

Wenn Sie in der Sauna gelegen haben, sollten Sie sich aufsetzen, bevor Sie hinausgehen. Andernfalls könnte Ihr Kreislauf Probleme bekommen.

Beschränken Sie sich auf höchstens drei Saunagänge und halten Sie sich mindestens genauso lange im Warteraum auf wie in der Sauna selbst.

Gönnen Sie Ihrem Körper nach dem Saunen noch eine halbe Stunde Ruhe. So können Sie das Entspannen erst richtig genießen. Außerdem benötigt Ihr Körper diese Zeit, um die Körpertemperatur wieder auszugleichen.

*

Schlafen

Achten Sie darauf, genügend Schlaf zu finden. Dann erhalten Sie eine schöne Haut. Denn die Regeneration der Haut findet überwiegend zwischen den Nachtstunden statt.
Wenn Sie schlafen, reduzieren sich viele Aktivitäten Ihres Körpers und somit steht mehr Energie für die Erneuerung der Haut zur Verfügung. Das macht Sie schöner.

Schlaf hält Sie schlank, da Sie während dieser Zeit keine einzige Kalorie zu sich nehmen.

Sie müssen nicht unbedingt viele Stunden schlafen. Es reicht, wenn Sie zu bestimmten Zeiten schlafen, also Ihren Schlafrhythmus einhalten. Dann kann sich Ihre Hautregenerierung auf seine Aufgaben einstellen und gerät nicht aus dem Gleichgewicht.

Um möglichst gut zu schlafen, sollten Sie sich so oft es geht bewegen.

Achten Sie auch auf das richtige Kopfkissen. Schlafen Sie möglichst flach. So vermeiden Sie die unnötige Anspannung der Nackenmuskeln, die wiederum zu Falten führen kann.

Schwere Knochen sind erblich

Die besten Tipps zum Entlarven von Ausreden

Erziehung

Manche Übergewichtige entschuldigen sich gern mit dem Verweis auf Ihre falsche Erziehung in puncto Nahrungsaufnahme, die für Ihr Gewicht verantwortlich sei. Natürlich kann man sich daran gewöhnen, viel zu essen, und natürlich ist es schwierig, von Kindesbeinen an gewohnte Handlungen zu ändern, doch es ist nicht unmöglich.

*

Guter Futterverwerter

Zu behaupten, man sei so ein guter Futterverwerter und könne aus diesem Grund überhaupt nicht abnehmen, ist falsch. Bei dickeren Menschen haben sich die Fettpolster beziehungsweise die Fettzellen vermehrt. Diese Zahl der Fettzellen kann man nie mehr verringern, wohl aber den Anteil des Fetts pro Zelle durch vernünftige Ernährung. Dann bleibt die Anzahl der Fettzellen gleich, aber sie werden kleiner.

Magengröße

Manche gebrauchen als Rechtfertigung gegenüber schlanken Menschen die Ausrede, dass Sie eben noch einen gesunden und keinen geschrumpften Magen besäßen. Doch es ist falsch zu glauben, dass der Magen schrumpft, wenn man ihm nicht mehr so viel zu essen anbietet. Durch weniger Nahrungszufuhr ernähren Sie sich eben nur gesünder und kalorienbewusster und verringern durch veränderte Gewohnheiten Ihren Appetit.

*

Nervennahrung

Falsch ist die Behauptung: Meine Nerven brauchen Fett! Durch ausgewogene Ernährung werden auch die Nerven versorgt. Im Gehirn und im Nervengewebe ist genug Fett vorhanden. Die zusätzliche Versorgung macht dick.

*

Nichtraucher

Viele rechtfertigen sich damit, dass sie aufgehört haben zu rauchen und deshalb stark an Gewicht zugelegt hätten. Aber dick wird man nicht durch fehlende Zigaretten, sondern durch die kalorienreichen Kleinigkeiten, die man als Trost und als Ersatz für die Zigarette zu sich nimmt.

Allerdings ist eine Gewichtszunahme von bis zu fünf Kilogramm tatsächlich ein normaler Vorgang, wenn man zu rauchen aufhört. Denn zum einen stellt sich der Stoffwechsel um, zum anderen verspürt man aber auch wieder mehr Hunger, da dieses Gefühl nicht vom Nikotin in den Zigaretten überlagert wird.

*

Reduzierte Nahrungsaufnahme

Wenn Sie von sich behaupten, Sie äßen doch schon fast gar nicht mehr und würden trotzdem dick bleiben, machen Sie sich vermutlich selbst etwas vor. Denn oft übersehen Sie bestimmt konsequent die vielen Stückchen und Eckchen, die so innerhalb des Tages in ihren Mund wandern, ohne als Nahrung registriert zu werden.

Führen Sie doch einmal nur eine Woche lang Buch über all jene Dinge, die Sie außerhalb Ihrer kargen Schlankheitsmahlzeiten in den Mund stecken. Sie werden sich bestimmt wundern!

Achten Sie bei Ihrer Ernährung auch auf die Getränke, die Sie zu sich nehmen.

*

Schwere Knochen

Die Entschuldigung der zu schweren Knochen sollten Sie nicht ins Feld führen, wenn Sie sich wegen Übergewichts rechtfertigen möchten. Denn die menschlichen Skelette unterscheiden sich nicht stark im Gewicht. Das Knochengerüst wiegt im Durchschnitt etwa zehn bis 13 Kilo.

*

Veranlagung

Schon der Großvater trug einen dicken Bauch vor sich her. Mit dieser Begründung rechtfertigen viele Ihr Übergewicht. Und das ist auch keineswegs immer eine Ausrede, um sich vor Disziplin und Anstrengung bei der Ernährung zu drücken. Neueste Untersuchungen haben gezeigt, dass es gewisse Fettgene gibt, die für Übergewicht verantwortlich sein können.

Gewusst wie ... – fünf Pfund

Die besten Tipps für Tricks und Kniffe
zum Abnehmen

Ablenkungen

Gehen Sie so oft wie möglich einem Hobby nach. Dadurch sind Sie beschäftigt und vergessen das Naschen zwischendurch.

Rufen Sie ein paar Leute an, mit denen Sie längere Zeit nicht mehr gesprochen haben. Notieren Sie sich auf einer Liste deren Telefonnummern.

Schreiben Sie ein Gedicht oder ein paar Zeilen in einem Tagebuch. Auch dadurch finden Sie Ablenkung.

Sie können auch ein Kreuzworträtsel lösen.

Erledigen Sie doch schon lange liegengebliebene Aufgaben im Haushalt. Anschließend werden Sie froh sein, das endlich erledigt zu haben. Das bestärkt positiv.

*

Appetit

Horchen Sie erst genau in sich hinein, worauf Sie Appetit haben, und essen Sie dies dann mit Genuss. So verhindern Sie, dass Sie, ohne Befriedigung zu finden, Nahrung in sich hineinstopfen und unnötige Kalorien aufnehmen.

Wenn andere essen, sollten Sie nicht zusehen. Denn dann bekommen Sie womöglich noch einmal Appetit und essen einen Happen, obwohl Sie eigentlich satt sind.

*

Bekannt machen

Sagen Sie Ihren Freunden und Bekannten, dass Sie entschlossen sind abzunehmen. Dadurch werden Sie von ihnen nicht in Versuchung gebracht und stärken gleichzeitig Ihren persönlichen Willen durchzuhalten.

Ein weiterer Vorteil des Bekanntmachens im Freundeskreis liegt darin, dass Sie nun ganz offen mit Ihrem Abnehmen umgehen können und sich nicht verpflichtet fühlen, kalorienreiche Speisen zu essen, nur weil das alle tun.

*

Bewegung

Bewegen Sie sich. Steigen Sie öfters einmal Treppen anstatt mit dem Aufzug zu fahren.

Gehen Sie spazieren oder auch tanzen. Das macht Spaß und verbraucht Energie.

*

Denken

Benutzen Sie gegen Übergewicht Ihren Verstand. Zwingen Sie sich zum Denken und lassen sie dann davon Ihre Hände leiten. So können Sie langsam Ihren Körper und

Ihre Essgewohnheiten umstellen und mit Vernunft abnehmen.

*

Einkaufen

Gehen Sie nie hungrig einkaufen. Sonst kaufen Sie mehr als Sie ursprünglich im Sinn hatten.

Stellen Sie einen Einkaufszettel auf und kaufen Sie wirklich nur das, was auf diesem Zettel steht. So verhindern Sie, dass Sie allzu viel Speisen im Haus haben, die Sie verzehren könnten.

Seien Sie vor den Tricks der Lebensmittelläden auf der Hut. Sie präsentieren Lebensmittel, die eher zu den Luxusgütern zählen, häufig in Augenhöhe. Das motiviert zum Zugreifen.

Am besten gehen Sie zu Zeiten einkaufen, an denen die Lebensmittelläden nicht überfüllt sind. Schlange stehen an der Kasse verführt zu unüberlegten Einkäufen.

*

Essensdauer

Stehen Sie zeitig auf und frühstücken Sie in Ruhe. So verschaffen Sie sich nicht nur die nötigen Energien für den Tagesanfang, sondern verhindern eher, zwischendurch Kleinigkeiten zu naschen.

Nehmen Sie den Happen auf eine Gabel, schauen Sie ihn sich an und legen ihn dann wieder zurück. Nun halbieren Sie ihn und essen dann langsam die beiden Hälften nacheinander.

Dehnen Sie ein Mittagessen möglichst auf 20 Minuten aus. Dann essen Sie bis zum Sattwerden nicht so viel.

Lassen Sie Getränke oder Suppen so lange auf der Zunge zergehen, bis Sie bis zehn gezählt haben. Erst dann schlucken Sie sie genussvoll hinunter. Stellen Sie nach jedem Schluck das Glas wieder auf den Tisch. So ziehen Sie ein Essen in die Länge und sparen Kalorien.

*

Essenszeiten

Essen Sie neben dem Frühstück, Mittag- und Abendessen noch zwei weitere kleine Mahlzeiten jeweils zwischendurch. So verteilen Sie die Kalorien am besten über den ganzen Tag und sorgen für deren regelmäßigen Abbau.

Lassen Sie niemals wirklichen Hunger aufkommen, sondern geben Sie Ihrem Magen schon vorher eine Kleinigkeit zum Arbeiten. Warten Sie aber zehn Minuten damit.

Versuchen Sie nach 19 Uhr nichts mehr zu essen. Ihr Körper verbraucht nun kaum mehr Energie und lagert deshalb die zugeführten Kalorien als Fett ab.

Wenn Sie allein eine Diät machen, Ihre Familie aber nicht mitzieht, sollten Sie besser alleine essen. Sonst erschweren Sie sich unnötig das Abnehmen.

*

Fett sparen

Kochen und braten Sie am besten in beschichteten Gefäßen, um Fett zu sparen.

Entfernen Sie jegliches sichtbare Fett an den Speisen.

Achten Sie auf versteckte Fette in den Nahrungsmitteln.

*

Gut Kauen

Wenn Sie bewusst kauen und Pausen zwischen den Bissen einlegen, verlängern Sie die Dauer Ihrer Mahlzeit und essen nur so viel, bis Sie satt sind.

Um zu kontrollieren, dass Sie wirklich jeden Bissen sorgfältig kauen, können Sie Ihr Besteck beim Kauen zur Seite legen und mitzählen. Das macht Ihnen Essen ganz bewusst.

*

Investitionen

Geben Sie einen von Ihnen selbst festzulegenden, aber relativ hohen Geldbetrag einer Vertrauensperson als Pfand zur Aufbewahrung. Lassen Sie sich für jedes abgenommene Kilo einen bestimmten Betrag regelmäßig auszahlen. Halten Sie durch, bekommen Sie Ihr gesamtes Geld zurück, wenn nicht, geht es verloren.

Knabbereien

Übersehen Sie geflissentlich Salzstangen, Nüsse und Pralinen. Sie sind große Kalorienträger.

Beschäftigen Sie sich beim Fernsehen anderweitig und lassen Sie sich nicht zum Knabbern verführen. Schon 10 Gramm Erdnüsse haben rund 60 Kalorien.

*

Motivation

Da Abnehmen im Kopf beginnt, können Sie sich dazu auch leicht motivieren. Stellen Sie sich doch vor einen Spiegel und malen Sie sich aus, wie Sie nach dem Abnehmen aussehen werden. Halten Sie sich dieses Bild in Erinnerung und rufen Sie es hervor, wenn Sie versucht sind zu wanken.

Wenn Sie schon einige Kilo abgenommen haben, können Sie ein Bild aus früheren Zeiten gut sichtbar aufstellen. Dadurch werden Sie im Durchhalten bestärkt.

*

Portionsgröße

Füllen Sie kleine Portionen auf kleine Teller. So erwecken Sie den Eindruck von großen Portionen.

Essen Sie auch bei Einladungen nur so viel, wie Sie möchten, und nicht mehr, nur weil Sie Ihrem Gastgeber einen Gefallen tun möchten. Das schlägt auf die Linie.

Schneiden Sie alle Scheiben sozusagen rasiermesserdünn. Damit können Sie Ihr Brot auch sehr gut belegen.

*

Reste

Essen Sie nicht die Reste auf,
sondern frieren Sie diese lieber ein.
Sonst nehmen Sie täglich zwar nur einige,
aufs Ganze gesehen aber sehr viele
Kalorien zu viel auf, die Sie
dick machen.

Wenn Sie zwei oder drei Bissen von Ihrer
Mahlzeit übrig lassen, können Sie mit
der Zeit Ihre Nahrungsmenge reduzieren.

Lassen Sie auch im Restaurant lieber ein
paar Stücke auf Ihrem Teller zurück, bevor
Sie diese nur aus Anstand verzehren.

Lassen Sie ruhig auch dann etwas
übrig, wenn Sie alles bezahlt haben.
Wenn Sie alles aufessen, haben Sie nicht
mehr Geld als vorher, dafür aber mehr
Pfunde, mit denen Sie zu
kämpfen haben.

*

Süßes sparen

Gewöhnen Sie Ihren Gaumen daran, Speisen ohne Zucker zu essen. Mit der Zeit werden Sie weniger süße Speisen vorziehen.

Greifen Sie erst wieder zu Süßem und Gebäck, wenn Sie ein gesunder Strich in der Landschaft sind.

Lassen Sie sich von Ihrer Familie helfen, auf Nascherein aller Art zu verzichten.

Trinken Sie keine Limonaden oder Cola-Getränke.

Schütten Sie bei Konservenobst den Sirup weg oder waschen Sie ihn ab. Dadurch sparen Sie unnötige Zuckermengen.

Verschenken Sie Süßigkeiten gleich weiter. So müssen Sie gar nicht erst die Selbstbeherrschung aufbringen, nicht davon zu naschen.

Urlaub

Mieten Sie für den Urlaub eine Wohnung anstelle eines Hotels oder einer Pension. Dort können Sie ohne Versuchungen selbst bestimmen, was, wann und wieviel Sie essen.

*

Würzen

Benutzen Sie Senf, Knoblauch, Kräuter und Gewürze jeglicher Art zum Würzen, aber sparen Sie Salz. Das lagert Wasser ein und sorgt so für eine Gewichtszunahme.

Zitronensaft und verdünnter Essig eignen sich auch hervorragend zum kalorienarmen Würzen, da sie den Appetit hemmen.

Sachregister

Register

Z